February, 2002

To Anthony: A Renaissance
Man on the campus of
Holy Family College; scholar,
professor, author, administrator,
soldier, but especially —
an _alter Christis_ to all
with whom he comes in contact.

Thomas J. McCormick

D1806889

A PARTIAL EDITION
OF *LES FAIS DES ROMMAINS*,
WITH A STUDY OF ITS STYLE AND SYNTAX

A Medieval Roman History

Thomas J. McCormick, Jr.

Studies in French Literature
Volume 20

The Edwin Mellen Press
Lewiston/Queenston/Lampeter

Library of Congress Cataloging-in-Publication Data

Faits des Romains. Selections
    A partial edition of Les fais des Rommains, with a study of its
style and syntax : a medieval Roman history / Thomas J. McCormick,
Jr.
      p.   cm.
    Text in Middle French, with critical matter in English.
    Includes bibliographical references.
    ISBN 0-7734-2918-2
    1. Ceasar, Julius--Romances. 2. Rome--History--Republic, 265-30
B.C.--Romances. 3. Heads of state--Rome--Romances. 4. Generals-
-Rome--Romances. I. McCormick, Thomas J. (Thomas James), 1932-
. II. Title.
PQ1461.F192 1995
843'.1--dc20   94-48863
                                                                 CIP

This is volume 20 in the continuing series
Studies in French Literature
Volume 20 ISBN 0-7734-2918-2
SFL Series ISBN 0-88946-572-X

A CIP catalog record for this book is available from the British Library.

The Edwin Mellen Press   The Edwin Mellen Press
Box 450   Box 67
Lewiston, New York   Queenston, Ontario
USA 14092-0450   CANADA L0S 1L0

The Edwin Mellen Press, Ltd.
Lampeter, Dyfed, Wales
UNITED KINGDOM SA48 7DY

Printed in the United States of America

TO MY MOTHER

TABLE OF CONTENTS

PREFACE

The portions of the fifteenth century manuscript entitled *Les Fais des Rommains* which are transcribed and edited in this study include all of the material through Book IV of Caesar's *De bello Gallico*. The value in editing and transcribing this text is to be found especially in the study of the changes in syntax and style as well as other miscellaneous variations between the fifteenth century version of this material and that of the previously edited thirteenth century rendition. Because the sections of *Les Fais des Rommains* treated in this work provide an abundance of examples of these types of changes, the final segment of the manuscript, based upon the writings of Lucan is not included.

ACKNOWLEDGEMENTS

It is a pleasure to acknowledge my indebtedness to those who have assisted me in this work, which was initially undertaken as a doctoral dissertation for Fordham University, New York. I should like to thank Professor Jeanette Beer for suggesting the subject and for offering me a microfilm of one of the manuscripts she was using for her own research on *Li Fet des Romains*. I should also like to thank Rev. Robert Sealy, S.J. for his advice and encouragement. I likewise thank the staff members of the Ryan Memorial Library of St. Charles Borromeo Seminary, the Van Pelt Library of the University of Pennsylvania, the Falvey Memorial Library of Villanova University and the library of Holy Family College for their repeated courtesies and services. I am appreciative to all those colleagues who have agreed to review the manuscript, and I am deeply indebted to Dr. Wilson L. Frescoln who generously gave of his time and skill. I especially wish to express my gratitude to Dr. Guy R. Mermier for reviewing the manuscript and for his inspiration and encouragement.

INTRODUCTION

In the thirteenth century, an anonymous prose translation of Roman history from Latin into medieval French was compiled from works of four prominent ancient authors and from smaller quantities of material found in other sources. The author primarily relies upon writings by Sallust, Suetonius, Julius Caesar, and Lucan.[1] Some of the sources less frequently used are the *Etymologiae* of Isidore of Seville, the *Bellum Judaicum* of Flavius Josephus, the *Historia* of Petrus Comestor, writings of Saint Augustine, and the Bible.[2] The work itself is entitled *Li Fet des Romains*.

The range of topics in this work is very extensive. By way of illustration, at times the author closely adheres to the text of the original sources, yet on other occasions he invents epic-like battles, inserts Christian images or replaces those of pagan culture with Christian ones. The writer, by placing Julius Caesar in a central position, was responsible for a unique type of literature while adapting the material of his Latin sources to the "tastes" of his medieval audience.[3] Furthermore, Flutre points out that this subject matter served as "la source ou le modèle de toute une littérature mi-

---

[1]Louis-Fernand Flutre, *Les Manuscrits des faits des Romains* (Paris: Hachette, 1931; reprint ed., Genève: Slatkine, 1974), p. 9.

[2]Jeanette Beer, Introduction to *A Medieval Caesar* (Genève: Droz, 1976), pp. XV-XVI.

[3]*Ibid.*, p. XV.

historique mi-romanesque faisant de César le héros d'un cycle comparable, dans une certaine mesure, à celui d'Alexandre."[4]

According to Flutre and Sneyders de Vogel, the popularity of this informative and interesting narrative work is confirmed by the fact that it was "...le manuel dans lequel les princes comme les clercs ont étudié pendant trois siècles l'antiquité romaine."[5] Another indication of its appeal during the Middle Ages may be seen in its influence upon Italian as well as French literature. Concerning Italy and France, Flutre reveals that the *Faits* was copied, translated, and imitated for more than three centuries in both countries.[6] Moreover, it is "...conservée dans une cinquantaine de manuscrits...."[7]

A number of possibilities exist which may have caused a work which had gained such widespread favor with medieval audiences as *Li Fet des Romains* to be neglected in more modern times. Flutre suggests that "...cette oeuvre n'a pas encore été l'objet de recherches approfondies, soit que sa masse ait rebuté les érudits, soit plutôt qu'on l'ait jugée sans intérêt."[8]

However, in 1885 Paul Meyer revitalized the topic in an article in *Romania*. This stimulated renewed interest and in 1907 Johannes Loesche selected *Li Fet des Romains* as the subject of his dissertation. In his early paragraphs Loesche states: "Ich habe 50 Blätter der Handschrift fr. 1391 der Bibl. nat. zu Paris kopiert und werde im Folgenden versuchen, die Art der Abfassung des Werkes darzustellen."[9] In 1932 Louis-Fernand Flutre continued to do further research concerning the subject matter of *Li Fet des Romains*. His efforts culminated in two scholarly books which rediscover a

---

[4]Louis-Fernand Flutre, *Avant-Propos* to *Li Fait des Romains dans les littératures française et italienne du XIIIe au XVIe siècle* (Paris: Hachette, 1932; reprint ed., Genève: Slatkine, 1974), p. II.

[5]*Ibid.*, p. II.

[6]Flutre, *Avant-Propos* to *Les Manuscrits*, p. I.

[7]Louis-Fernand Flutre and Kornelis Sneyders de Vogel, eds., *Avertissement* to *Li Fet des Romains*, 2 vols. (Paris: E. Droz, 1938), I: VIII. According to Professor Beer, at least 59 mss have been accounted for since 1938 (Beer, Introduction, p. XIII).

[8]Flutre, *Avant-Propos* to *Les Manuscrits*, p. I.

[9]Johannes Loesche, *Die Abfassung der Faits des Romains*, Diss. (Halle: C.A. Kaemmerer and Co., 1907), p. 5.

rich literary heritage abandoned for centuries. Their titles are *Li Fait des Romains dans les littératures française et italienne du XIIIe au XVIe siècle* and *Les Manuscrits des faits des Romains*. In 1938 these works were followed by an edition of *Li Fet des Romains*. Flutre was joined by Kornelis Sneyders de Vogel in this endeavor in the publishing of an edition based on two manuscripts, one in the Bibliothèque Nationale, the other in the Vatican Library. In reference to these writings, Flutre proposes that these "deux manuscrits...sont à la fois les plus anciens et les plus corrects que nous possédions de la compilation."[10] Several folios are missing from the end of the manuscript located in the Bibliothèque Nationale, classified by Flutre as P$_{13}$. Therefore, the one situated in the Vatican Library, and classified as V$_3$, serves as the basic manuscript in their edition. As a result, V$_3$ is corrected with the aid of P$_{13}$ when necessary. More recently, in a work published in 1976, Jeanette Beer discusses the important role of translation and other aspects of this topic in her book entitled *A Medieval Caesar*.

Furthermore, continued research into this topic should be both appealing and challenging to the modern medieval scholar. Further studious inquiry into the material of *Li Fet des Romains* is imperative in order to gain a fuller understanding of a wealth of literature which had so captivated the medieval mind. In the same vein, concerning the *Faits*, Flutre affirms: "Intérêt historique, intérêt littéraire, intérêt psychologique, ils ont tout ce qu'il faut pour seduire l'amateur du style naïf et savoureux de nos vieux conteurs..."[11]

The manuscript of *Les Fais des Rommains* chosen for examination in this study was written at the beginning of the fifteenth century and is classified by Flutre as L$_3$. It is located in the British Museum under the title of Old Royal 20 C 1.[12] The material of the manuscript is transcribed and edited through Book IV of Caesar's *De bello Gallico*. The section based upon Lucan is not included. It will be demonstrated that the most noteworthy feature and that which best illustrates the value in transcribing

---

[10]Flutre, Conclusion to *Les Manuscrits*, p. 159.

[11]Flutre, *Avant-Propos* to *Les Manuscrits*, p. 1.

[12]Flutre, *Les Manuscrits*, p. 44.

and editing this particular version is to be found in the changes in syntax and style as well as in miscellaneous unclassifiable changes which are occasioned consciously or unconsciously in the course of perhaps two centuries between the thirteenth century version, classified as V_3 and supplemented by P_{13}, and this fifteenth century rendition, classified as L_3. In addition, because the sections of the manuscript which are treated in this study provide an abundance of these changes, the portion based on Lucan is excepted. Furthermore, manuscript L_3 is perhaps that manuscript of the best group[13] which is most representative of the fifteenth century. Moreover, it is unedited.

In describing manuscript L_3, Flutre states that it is bound in parchment and adds:

> Vélin; 390x290 mm.; 295 fol. numérotés au crayon à l'époque moderne, plus un feuillet blanc non numéroté; 2 col.; 42 lignes; rubriques; majuscules en or à ornements rouges et bleus; miniatures à fond ordinairement bleu ciel parsemé d'étoiles et de nuages...[14]

However, a closer scrutiny of each folio reveals that the number of lines is not without variation. Although the forty-two lines to which Flutre refers are found on some folios, at times one finds forty, forty-one, and forty-three lines on other folios.

The type of handwriting used in *Les Fais des Rommains* is identified as belonging to the fifteenth century according to descriptions and facsimiles found in several works on paleography, a number of which are listed in the Bibliography. A problem discussed by L.-Alphonse Chassant concerning fifteenth century handwriting which is evident in the manuscript is studied in this work. The author points out: "Le *c* et le *t* tendent toujours a se confondre."[15] Examples from L_3 which confirm Chassant's assertion are words such as *lettre* and *lectre*, *flot* and *floc*.

---

[13]*Ibid.*, opp. p. 136.

[14]*Ibid.*, pp. 44-45.

[15]L.-Alphonse Chassant, *Dictionnaire des abréviations latines et françaises*, 5th ed. (Paris: Jules Martin, MDCCCLXXXIV), p. 98.

Interwoven with the type of handwriting, of course, is the authorship of the work. The author of *Li Fet des Romains*, probably from the region of the *Ile-de-France*, retains his anonymity.[16] The scribe of manuscript L_3 is unknown.

Foulet and Speer propose that "a critical edition calls for the active intervention of the editor."[17] Part of such intervention pertains to the manner in which abbreviations are treated. This becomes especially important when one takes note of the copious examples of abbreviations in manuscript L_3, thus substantiating Chassant's observation that fifteenth century handwriting contains more abbreviations than any other period.[18] Each word which is abbreviated by the scribe in L_3 is spelled out in its entirety in this edition of *Les Fais des Rommains*. In order to avoid the awkward appearance of an edition in which all letters which had been abbreviated are underlined, no underlining is used for that purpose in this study. Certain numerical abbreviations, however, such as those used with ordinal numbers, are retained.

In addition, two types of brackets are used where emendations take place in L_3. Angle brackets < > are used to indicate those words or letters which are mistakenly placed in the manuscript. Repetition of the same words or phrases immediately after each other and the insertion of letters within a word which cause a misspelling are examples of such mistakes. Square brackets [ ] are used to indicate those words or letters which must be added to the text for clarification. Corrections of this type are usually based upon V_3. Absence of a vital part of speech and of an ending on a word denoting agreement are examples of such mistakes.

Asterisks are placed after Latin proper names when the spelling of a name in both L_3 and V_3 differs from that of the original Latin sources of Suetonius, Sallust or Julius Caesar. The asterisk indicates that the original Latin form of the name is to be found in the Endnotes in which the Latin

---

[16]Beer, Introduction to *A Medieval Caesar*, p. XVII.

[17]Alfred Foulet and Mary Blakely Speer, *On Editing Old French Texts* (Lawrence, Kansas: The Regents Press of Kansas, 1979), p. 44.

[18]Chassant, p. 98.

sources are designated in abbreviated form. The original Latin works are abbreviated in the following manner: *Vitae Caesarum* of Suetonius is represented by *V.C.*; *Catilina* of Sallust is represented by *C.*; *De bello Gallico* of Julius Caesar is represented by *B.G.*

Reference to the original Latin is not made more than once for each individual variation. However, references to the less frequently used sources, some of which were translated from other languages into Latin, are not included in the Endnotes.

Footnotes also have a role in this edition of *Les Fais des Rommains*. When a word or words in manuscript L_3 not only differ greatly in meaning from those in V_3, but also fail to make sense, a footnote is employed to indicate the equivalent in V_3. When the word or words in L_3 make sense in spite of variances with V_3, however, no footnote is needed.

Very little punctuation appears in L_3 other than periods and capital letters. However, the copyist does not necessarily place a period at the end of every sentence, nor does he always begin every new sentence with a capital letter. Therefore, in accord with modern usage, appropriate punctuation is inserted throughout in editing *Les Fais des Rommains*.

Another matter concerning the redactional policy of this study is that one does not necessarily observe a change of paragraph in L_3 when a topic changes. As a result, it has been necessary to apply modern principles of paragraphing in this edition.

Nevertheless, the scribe of L_3 does make very frequent use of explanatory headings in order to prime the audience for what is to follow. Headings of this nature are separated from the edited text by means of triple spacing.

As a means of identifying line numbers within the edited material, every fourth line is numbered along the right hand margin of the text.

Concerning diacritical marks, principles stated by Foulet and Speer are put into practice in this study. They propose that "the acute accent denotes that an *e* is stressed....The cedilla shows that a *c* is sibilant."[19]

---

[19]Foulet and Speer, p. 67.

Finally, it is necessary to consider the major proposition of this work. As was stated earlier, the value in transcribing and editing the manuscript of *Les Fais des Rommains* classified as L3 is to be found in noting changes, largely in syntax and style, between it and *Li Fet des* Romains, classified as V3 as edited by Flutre and Sneyders de Vogel. In order to implement this study, the procedure used is to present an explanation of the type of change taking place, while indicating the particular variants by means of contrasting examples from both L3 and V3. The page and line numbers designating the location of the example in this book, as well as in the edition by Flutre and Sneyders de Vogel, are indicated with each reference. To avoid a tabular appearance, only the first, or what appears to be the most striking example or two is cited; other examples are indicated by line numbers.

SYNTACTICAL AND STYLISTIC CHANGES

The procedure implemented is to explain the type of change which takes place, while presenting the particular variants by means of striking contrasting examples from both the fifteenth and thirteenth century renditions of the subject matter. It is shown that while the scribe of the fifteenth century copy frequently condenses the style found in the older work, at times he is much more elaborate. The copyist of the newer version tends to replace parts of speech in the older rendition with more recent forms which often better clarify the material. His work also includes examples indicative of more recent French syntax. His manuscript likewise presents examples which are the antithesis of the equivalents in the earlier edition, and which at times are lacking in sense. There are many instances in which the Latin proper names in both versions differ from each other. However, it is shown that there are many more instances in which proper names in both works differ from the original Latin sources. Many of the changes between the two versions show the imagination of a *scribe raisonneur*.

Condensing of Style

Bourdon. According to Foulet and Speer, intervening material is omitted "when the scribe's eye skips from one letter or word to an identical or similar one further on ..."[20] This is called a *bourdon*, of which several examples are found in L3. As a result of this occurrence, the style of L3 is changed and the material becomes condensed. Illustrations follow:

> A grant louenge tenoient a veoir loing de leurs marches, affin que on cuidast par ce que plusieurs citez ne peussent leur force maintenir ou soubstenir. 6217

> A grant loenge tornoient vaier loign de lor marches et estendre soi en autrui chans et que il n'eust aré ne semé en chans qui fussent pres de lor marches, que l'en quidast par ce que plusors citez ne poissent lor force sostenir. (V3 156, 14)[*]

Cf. also 1279 (37, 1); 2695 (69, 24); 3982 (104, 17).

Relative Clause. The scribe of *Les Fais des Rommains* also condenses the material of his manuscript by frequent use of the relative clause. This device is usually put into practice when V3 uses two separate sentences. Among the numerous examples one may note:

> Entre ces choses vindrent a Cesar les messages de plusieurs citez qui requirent sa paix et s'amour. 6553

> Entre ices choses vindrent a Cesar li message de plusors citez. Il requistrent sa pes et s'amor. (164, 21)

Cf. also 2913 (79, 10); 5278 (133, 1); 5589 (141, 4).

Elision

Elision Eliminated. The syntactical phenomenon of elision is often dropped in L3 where it is retained in the syntax of the thirteenth century manuscript. To substantiate this point, samples follow:

---

[20]Foulet and Speer, p. 53.

[*]References to V3 are in parentheses throughout.

...et jurerent entre eulx que nul ne descouverroit le conseil du concille se a ceulx...3712

...jurerent entr'els que nus ne descoverroit le conseill de ce concile s'a cels...(98, 16)

Cf. also 2238 (58, 19); 4055 (106, 2); 5930 (149, 3); 5997 (150, 31).

Enclisis

Enclisis Dropped. Among the frequent changes in syntax between L3 and V3 is the elimination of enclisis in the more recent of these two manuscripts. Alfred Ewert defines enclisis as a form of apocope. He states that when monosyllabic words were used proclitically and were syntactically connected with the preceding word, the already reduced sound of a final *e* was completely eliminated.[21] The fifteenth century copyist gives evidence of a more modern trend by generally dropping enclisis. Among the numerous examples are:

...nul ne se pouoit retourner de la fuie...4792

...car nus de lor dux nes pooit retorner de la fuie...(122, 25)

Cf. also 1215 (35, 22); 1241 (36, 8); 4985 (126, 28); 4630 (119, 8).

Headings

Headings Changed. The scribe of *Les Fais des Rommains* constantly elaborates upon the section headings found in V3. In general, such stylistic changes demonstrate better organization and a more thorough presentation of the circumstances being described. Representative examples are listed below:

Comment Cathon parle contre le iugement Julius Cesar
Below 1419

Li jugemenz Caton. (40)

---

[21]Alfred Ewert, *The French Language* (London: Faber and Faber Limited, 1933; reprint ed., Cambridge: The University Press, 1964), pp. 101-102.

Cf. also below 2135 (56); below 3690 (98); below 4499 (117).

Headings Added. The scribe of L$_3$ adds a host of headings where none are found in V$_3$; he thus stylistically enhances clarity. As a result, the audience is better prepared for what is to follow. A striking example of such headings is

> Cy apres s'ensuit aucunement le strif qui fu entre les anciens pour savoir comment chevalerie pouoit et devoit plus estre essaucee .ij.^{e} Below 15

Cf. also below 700; below 873; below 2062.

Parallel Structures

Correlative Words. The scribe of L$_3$ frequently shows a tendency in his style to drop the use of correlative words where V$_3$ employs words used in pairs. Such a trend appears to be more modern and less like Latin in its style. Contrasting examples follow below:

> ...car ce mot Cesar puet segnifier cheveleure ou trenchement. 147

> ...car cist moz Cesar puet senefier ou cheveleure ou trenchement. (8, 4)

Cf. also 1166 (34, 18); 1877 (49, 33); 1942 (51, 15).

Religious Style

De-Christianizing. Perhaps because of early Renaissance thinking, part of which emphasized pagan culture, the copyist of L$_3$ occasionally replaces a Christian image with a pagan one. The best example of this scribal tendency is exemplified by the following variation from V$_3$:

> Ne les detint pas par longues parolles; ytant leur dist que pour l'amour des dieux et pour leurs vies et leurs honneurs sauver leur remembrast de leur premiere vertu...5004

Ne les detint pas par longue parole; itant lor dist, que por amor
Dieu et por lor vies et lor honor sauver lor remenbrast de lor
premeraine vertu...(127, 9)

Stylistic Changes in Word Order

Reversal in Order of Words. The stylistic arrangement of words is being
constantly changed in L3 as contrasted with its thirteenth century counterpart
as in

...mais raison, vertu et engin fait longue la memoire de l'omme
apres la mort...12

...mais vertuz, raisons et engins fet longue la memoire de l'ome
apres la mort...(1, 9)

Cf. also 611 (22, 24); 3883 (102, 13); 3951 (103, 28); 4672 (120, 6).

PARTS OF SPEECH

Adjectives Changed. At times, the copyist of L3 chooses to replace adjectives
found in V3 with other adjectives while not necessarily indicating any definite
pattern for these stylistic variances. Although the adjective in L3 may
represent a change, the substitution is often a synonym as in

...et qu'il y avoit des plus grans citoiens. 1133

...et que il i avoit des plus hauz citeains. (33, 29)

Cf. also 2459 (64, 13); 2501 (65, 13); 3420 (91, 31); 5811 (146, 3).

Adjectives Added. In an apparent effort to be more thorough or to heighten
the descriptive value of the material in the manuscript, the scribe of L3
sometimes adds adjectives not present in V3. Examples of this style are

...et la lui avoit envoiez son propre frere. 4460

...la li envoia ses freres. (114, 25)

Cf. also 1135 (33, 29); 5245 (132, 12).

Possessive Adjectives Changed. Since among the types of adjectives employed in L_3 the possessive adjective stands out for its frequent use, it is dealt with here as a separate entity. A noteworthy stylistic phenomenon takes place when the copyist of L_3 changes the form of the possessive adjective used in V_3 in a situation in which a speaker is presented as addressing others. The end result of this type of change is the tendency to include the speaker in whatever is being said. Objectivity and aloofness on the part of the speaker from the situation under discussion are removed as in

> ...ains est de nostre franchise deffendre et de noz corps qui sont en perilz. 1448

> ...ançois est de vostre franchise desfendre et de vos cors qui sont en peril. (40, 26)

Cf. also 1475 (41, 11); 1536 (42, 24); 1848 (49, 12).

Definite Article Replaced by Possessive Adjective. Stylistically, the copyist of L_3 sometimes replaces a definite article found in V_3 with a possessive adjective. An example is

> Lors fist mener ses legions en Chartain...5379

> Lors fist mener les legions en Chartain...(135, 6)

Cf. also 5396 (136, 8).

Possessive Adjective Replaced by Definite Article. Contrary to the examples listed immediately above, L_3 varies with V_3 in replacing a possessive adjective with a definite article. Samples of this style are as follows:

> ...et qu'il esleust moyen entre les marches ou il vouloit a lui parler...3852

> ...que il esleust moien entre lor marches: il voloit a lui parler... (101, 25)

Cf. also 4569 (117, 28); 4692 (120, 20).

Adverbs Changed. Concerning adverbs, L$_3$ tends to present substitutions of more recent adverbial forms for those found in V$_3$. Examples of this change in style are

> Quant Cateline ot ainsi parlé...671

> Quant Catilina ot issi parlé...(23, 34)

Cf. also 377 (16, 3); 2487 (65, 2); 2627 (68, 7); 3441 (92, 14).

Mie Replaces Pas. Sometimes *mie* is substituted by the scribe of L$_3$ for *pas* which is in V$_3$. Examples of this stylistic method are

> Je, dist il, ne vins mie en France par mon gré seulement...4183

> Ge, dist il, ne ving pas en France par mon gré seulement...(108, 27)

Cf. also 3269 (88, 22).

Adverb Replaces Adjective. On occasion, an adverb is used in L$_3$ emending an adjective in V$_3$. A subsequent change of meaning naturally occurs. The following are examples of this style:

> Bien, sire, dirent doncques les messages...6350

> Biax sire, distrent li message...(159, 9)

Cf. also 1241 (36, 8).

Adverbs Added. A more modern usage of the adverb may be found in L$_3$ which presents still another type of variant from V$_3$. This particular use of an adverb has an intensifying effect as may be seen especially in the addition of *bien.* Some illustrations of this change of style are

> ...qui estoit bien a cinq mille pas du lieu ou la bataille estoit assemblee. 4444

> ....qui estoit a .v. mile pas dou leu ou la bataille estoit assemblee. (114, 16)

Cf. also 4453 (114, 21); 4690 (120, 19).

Adverb Dropped. En dedenz is constantly replaced or dropped entirely by the copyist of L_3 as stylistically contrasted with V_3. Some of these variances are

> Cependant aloient et venoient messages d'une part et d'autre...
> 4126

> En dedenz aloient et venoient sovent message d'une part et d'autre...(107, 18)

Cf. also 3098 (84, 26); 3314 (89, 21); 3534 (94, 18).

Conjunctions Changed. The copyist of L_3 replaces conjunctions found in V_3. The scribe has a stylistic tendency to replace *que* with *car* as in

> ...et Cesar les aloit suivant de pres, car il ne les vouloit pas laissier departir de soy. 3323

> ...et Cesar les aloit a<n> suivant de pres, qu'il ne les voloit pas lessier de soi departir. (89, 28)

Cf. also 3261 (88, 16).

Finally, as a norm, *si tost que* is found in L_3, whereas *lues que* is the form used in V_3. Examples of this stylistic change are

> Si tost qu'il fu roy, il mist en prison ses trois meneurs freres. 2391

> Lues que il fu rois, il mist en prison ses iij. menors freres. (62, 20)

Cf. also 2215 (58, 1); 2312 (60, 7).

Conjunctions Added. It is not unusual to observe the conjunction *et* added to sentences in L_3 where it is not present in V_3. However, such a change in style may also result in a striking change of meaning, as the following illustrates:

Telz y a qui vivent de poissons et d'oefz et d'oiseaux. 6340

Tex i a qui vivent de poissons et d'oes d'oisiax. (159, 2)

Nouns Changed. The scribe of L3 repeatedly replaces nouns found in V3 with those which are more restrictive. The result is made clearer. Some changes in style like this are

> Bien cuiderent ces trois pourchacier trois royautez sur trois les plus puissans princes de toute France...2995

> Bien cuiderent cist troi porchacier .iij. roiautez sor .iij. pueples puissanz de tote France...(82, 22)

Cf. also 2183 (57, 11); 2768 (71, 17); 6146 (154, 9).

Nouns Changed with Accompanying Change of Meaning. Throughout L3 the scribe frequently replaces a noun used in V3 with one that presents a totally different meaning. The noun substituted may even be the antithesis of the one in the thirteenth century version, such as *amis* for *anemis*. Pertinent examples of such a radical change in style are

> ...ains nous couvient esioir se ce que nous avons nous puet remanoir et estre nostre, ou a noz amis. 1464

> ...ainz nos covient a veoir <se> ce que nos avons nos puet remanoir et estre nostre, ou il sera a nos anemis. (41, 3)

Cf. also 1925 (51, 3); 2474 (64, 24); 2489 (65, 3); 5401 (136, 12).

Nouns Added. It is characteristic of the copyist of L3 to add nouns throughout the entire manuscript which are not in V3. Such stylistic additions show the imagination of a *scribe raisonneur.* Among these examples are

> ...car il ne savoit la cause de la fuie ne de leur depart...4774

> ...car il ne savoit la cause de lor depart...(122, 12)

Cf. also 3552 (94, 32); 4356 (112, 21); 4300 (111, 13); 5230 (132, 3).

Numbers Changed. Because of the frequent use of numbers throughout *Les Fais des Rommains*, they are considered here as a separate entity. Manuscript L$_3$ often uses a number which is not the same as the corresponding number in V$_3$, the epitome of inaccurate style. Examples follow:

> Si comme il fu a xv$^{\underline{m}}$ pas de la cité...4831

> Si come il fu a .v$^{\underline{m}}$ pas de la cité...(123, 18)

Cf. also 2722 (70, 12); 5056 (128, 14).

Modern System of Number Arrangement. The vigesimal system in vj^{xx} below persists in modern French in *quatre-vingts*. Illustrations of the handling of similar numerals in L$_3$ and V$_3$ are

> ...que bien en y a puis venuz iusques a vj^{xx} milles...3740

> ...que bien en i a puis venu jusqu'a .cxx. mile...(99, 12)

Cf. also 2770 (71, 18); 5237 (132, 7).

Cardinal Numbers Spelled Out. Lower digit numbers are generally written out in L$_3$ as opposed to the use of a numeral in V$_3$. Following are samples of this style:

> Dix legions ot Cesar. 2895

> .x. legions ot Cesar. (75, 11)

Cf. also 309 (13, 11); 1759 (47, 16); 2383 (62, 14); 2813 (72, 17).

Ordinal Numerals Not Spelled Out. Contrary to the variances mentioned above concerning cardinal numbers, ordinal numerals are frequently used in L$_3$ to replace the written out versions in V$_3$. This change in style reveals the individual tastes of the copyists. Some samples are

> Les chevaliers rommains de la legion ix^e et de la xe, qui a senestre estoient, lançoient dars...5038

Li chevalier romain de la legion noviesme et de la disiesme,
qui a senestre estoient, lancerent darz...(128, 1)

Cf. also 87 (5, 21); 156 (8, 11); 4090 (106, 26); 5153 (130, 15).

Mile Abbreviated. The scribe of L3 has a tendency to abbreviate *mile* as
found in V3. Examples of this frequent change of style follow:

Arionistus veult celle terre donner a xxiiij.^{m} Sesnes...3771

Ariovistus, qu'il veust cele terre doner a .xxiiij. mile Sesnes...
(100, 3)

Cf. also 3589 (95, 25); 3646 (96, 31); 4434 (114, 9).

Prepositions Changed. In L3 prepositions are often different from their
counterparts in V3. Such changes may be for stylistic purposes and they
sometimes reflect the use of prepositions as they are found in modern usage.
Samples are

Alixandre n'osa assembler contre Marcus Antonius... 2784

Allisandres n'osa assembler a Marcus Antonius...(71, 29)

Cf. also 4506 (116, 6); 4728 (121, 13); 6177 (155, 11); 6589 (165, 12).

Changes in prepositions may also represent a trend toward more modern
French syntax. One such example is the substitution of *pour* in L3 for other
prepositions used in V3, in order to convey the meaning of purpose.
Examples are as follows:

...qui vit que sa gent n'avoient pas plenté de viandes pour
passer l'yver...5539

...qui vit sa gent sanz plenté de viande a l'yver passer. (139, 19)

Cf. also 4368 (112, 29); 3032 (83, 13).

Prepositions Added. The addition of the proposition *de* before a noun in L3
marks a definite shift from a synthetic to an analytic method of expressing

possession in the French language. In V_3 in such an instance, the form of a noun designating ownership is simply represented by the oblique case, whereas the copyist of L_3 introduces the noun with the preposition *de*. This syntactical trend preserved in more modern French is found in the following examples:

> Categus devoit asseoir la porte de Cyceron...1067

> Cethegus devoit asseoir la porte Cyceron...(32, 15)

Cf. also 89 (5, 22); 4447 (114, 17); 5939 (149, 10).

Pronouns Changed. Another trend in L_3 is to change the atonic pronoun used in V_3 to the tonic form as in modern French. Examples of this change in syntax are

> ...de quel part vous devez estre aussi bien comme moy. 193

> ...de cui part vos devez estre autresi bien come ge. (9, 13)

Cf. also 2492 (65, 6); 3907 (102, 31); 6344 (159, 5).

In a manner similar to the use of the possessive adjective already considered, the scribe of L_3 stylistically changes the form of the pronoun used in V_3 to incorporate a speaker into the audience at hand. Samples of this are

> ...Cateline, le duc de noz ennemis, nous vient sur les testes atout son effort. 1536

> ...Catiline, li dux de voz anemis, vos vient sor les testes otot son esfors. (42, 24)

Cf. also 1458 (40, 32).

Pronouns Added. As in Classical Latin, V_3 does not always use the subject pronoun with a verb. The copyist of L_3, on the other hand, generally inserts a subject pronoun. Illustrations of this analytical change follow:

> Que ferons nous doncques? 1412

> Que ferons donques? (39, 31)

Cf. also 2748 (71, 1); 5329 (134, 6); 5595 (141, 8).

The more frequent use of the reflexive pronoun is another indication of the later trend in L_3 as contrasted with V_3. This change is demonstrated in the following examples:

> ...toute la mesgnie Arionistus tourna les dos et s'en fouirent. 4441

> ...tote la mesniee Ariovistus tornerent les dos et foirent. (114, 14)

Cf. also 1990 (52, 17); 4061 (106, 6).

The pronoun object *le* is used at times in L_3 to refer to a preceding idea already stated. Manuscript V_3 does not necessarily follow this pattern. This syntactical variance indicates another stylistic preference in L_3 as in

> Ceulx des beffroys alumerent les feux, si comme Cesar l'avoit commandé...5343

> Cil des berfroiz alumeren<t> les feus, si con Cesar ot ensaigné et conmandé...(134, 15)

Cf. also 4117 (107, 12).

Order of Pronoun Objects. Finally, the location of pronoun objects as practiced in later French may likewise be found in L_3. Manuscript V_3 does not always use this same syntactical arrangement. Examples are

> Le laissiez vous pour leur bonne vie? 1563

> Lessiez le vos par lor boene vie? (43, 9)

Cf. also 463 (18, 23); 885 (28, 19).

Proper Names. Earlier in this Introduction, the manner in which Latin proper names are handled is explained; the variances are indicated either in footnotes or in the Endnotes. One general conclusion which may be drawn is that there are many more instances in which the Latin names in both L_3 and

V3 differ from those of the Latin sources than those cases in which L3 differs from both V3 and the Latin source. These numerous and often unusual variances from the original Latin are set forth in the Endnotes.

Verbs: Tenses Changed. In general, the scribe of L3 changes verbs of V3 which are in the historical present tense to the perfect tense. Technically the copyist is correct in using a completed action tense to explain an action in the past. Because of the use of the perfect tense, however, the audience is not afforded the opportunity of feeling as though they were experiencing the action of the incident vividly presented. This experience is lost especially in battle scenes. Samples of this stylistic variation are

> Maulius, qui fu sans escu et sans lance, le vit venir si tourna le col du destrier vers lui...1925

> Manlius, qui fu sanz escu et sanz lance, le voit venir; il torne le front del destrier vers lui...(51, 2)

Cf. also 1953 (51, 23); 1957 (51, 25); 2013 (52, 33).

Verbs Changed. The copyist of L3 repeatedly replaces a finite verb in V3 with an infinitive. This change may also be used to indicate purpose. This variance in syntax is seen in the following:

> La venissent a lui l'endemain pour savoir de leurs requestes et de leur affaire. 6365

> La venissent a lui l'endemain; il savroit de lor afferes. (159, 19)

Cf. also 2128 (55, 14); 6013 (151, 11); 6572 (165, 1).

Frequently the verbs in L3 differ from those in the same location in V3, but they retain the same meaning. Examples of this style change are

> Vergobretes les nommoit on. 3334

> Vergobretes les apeloit l'en. (90, 3)

Cf. also 2598 (67, 18); 2918 (79, 14); 3093 (84, 23).

In some cases, specific verbs in L3 repeatedly replace certain ones in V3 for which they are synonyms. The expression *amer mieulx* replaces *voloir mieuz*, while *demourer* replaces *remanoir*. These stylistic variances are seen in the following:

> Cesar amoit mieulx que Lucius Luceius feust son com- paignon... 2180
>
> Cesar vost mieuz que Lucius Lucceius fust ses conpainz...(57, 8)

Cf. also 4267 (110, 20); 6417 (161, 34).

Further examples are

> En ceste guise, leurs gaingnages ne demouroient point...6180
>
> En ceste guise, ne lor gaaingnage ne remanoient...(155, 13)

Cf. also 542 (20, 16); 4070 (106, 12); 6488 (162, 7).

Verbs Changed with Change of Meaning. The copyist of L3 often changes entirely the meaning of a verb from what appears in V3. Such a variance in style, while still retaining some sense, may present a great deviation from the verb used in the earlier manuscript. Representative samples are as follows:

> Une nuyt vint Pompee en Iherico pour le delit...2630
>
> Une nuit jut Pompee en Jherico por le delit...(68, 10)

Cf. also 964 (30, 8); 1108 (33, 11); 2647 (68, 23); 6225 (156, 21).

On the eve of the introduction of printing when the ideal of complete fidelity to the author's words would be realized, the scribe of *Les Fais des Rommains* reminds one that no two manuscripts are identical. Here a scribe is faithful to his text, but echoes the thoughts and language of his times.

CY COMMENCENT LES FAIS DES <DES> ROMMAINS COMPILEZ ENSEMBLE DE SALUSTE, DE SUETOINE, ET DE LUCAN

Et premierement cy apres commence le premier livre qui parle des fais du noble Jule Cesar .i^e

Chascun homme a qui Dieu a donné raison et
entendement se doit pener que il ne gaste le temps
en oysiveté et qu'il ne vive comme beste qui est
encline et obeissant a son ventre tant seulement.   4
La vertu et la force de l'omme est en l'ame et ou
corps ensemble. L'ame doit commander et le corps
servir et obeir, car l'ame a en soy l'image et la
semblance de Dieu, et le corps est plus commum a   8
bestial foiblesce. Et pour ce, qui veult acquerir
gloire, il la doit plus couvoitier par richesce de
sens que par richesce de force ne d'avoir. La vie
de l'omme est courte et briefve, mais raison, vertu   12
et engin fait longue la memoire de l'omme apres la
mort, car la gloire de beauté et de richesce est
fraille et tost trespassee.

24

Cy apres s'ensuit aucunement le strif qui fu entre les anciens pour savoir comment chevalerie pouoit et devoit plus estre essaucee .ii.ᵉ

Grant estrivement fu entre les anciens pour   16
savoir comment chevalerie pouoit estre exauciee,
ou par force de corps, ou par vertu, ou par sens
de cuer; car avant que on face la chose doit on
conseil prendre, apres le conseil doit suir le   20
fait. Ne vault donc riens conseil sans oeuvre, ne
oevre sans conseil. Pour ce essaierent les uns
des anciens leurs engins, les autres essaie[r]ent
leurs forces. Et quant ilz s'apperceurent que   24
sens et engin moult proffitoient es batailles
avec la force, puis ycelle heure que les roys
encommencerent a esmouvoir guerre premierement
pour achoison de leurs seignouries acroistre (car   28
ainçois que les guerres encommençassent, les
hommes estoient sans couvoitise et souffisoit a
chascun ce qu'il avoit), lors s'estudioit chascun
en son engin plus voulentiers a user en sens que   32
en amonceler richesses, que nulz homs n'a fors que
a prest. Ainsy le tesmoingne Cicero, qui dist: "Ce
qui me peut estre tollu n'est pas moye chose."
Desormais n'entent nulz fors a conquerre avoir.   36
Les uns ayment mieulx peresce que travail, et les
autres luxure plus que contenance ne que droiture.
Moult y a de ceulx qui ne quierent mais que
mengier et boire, dormir et aisier les corps; des   40
ames ne leur chault se ilz ne peuent pas monter en
grant pris. Mais ceulx qui plus suivent raison
et droiture que delit charnel, qui font les
proesses et qui les recordent et mettent en escript,   44
ceulx font a loer; car ou recort des oeuvres
anciennes aprent on que on doit faire et que on

doit laissier.

Et pour ce escripvons nous cy endroit les   48
gestes aux Rommains qui, par leur sens et par
leurs prouesces, conquistrent maintes terres. Car
en leurs fais puet on assez congnoistre congnoissance
de bien faire et mal eschever. Et commencerons   52
nostre compte principalment a Julius Cesar, et
terminerons a Domicien, qui fu le xii.^e empereur,
si que nous y mettrons maintes personnes qui orent
diverses dignitez a Romme au temps des xij. ·   56
empereurs, dont Julius fu le premier. Et pour
mieulx continuer nostre matiere, nous dirons avant
quelles dignitez il ot a Romme ainçois qu'il y
eust empereurs.   60

Quelz dignitez il ot a Romme depuis sa fondacion iusques a ce que Jule Cesar
obtint la dignité d'emp[er]eur .iii.^e

Roys gouvernerent la cité de Romme tout
avant. Romulus en fu le premier roy. Cilz establi
dix cours de senateurs. En chascune court en
avoit par trois foiz dix, ce sont .xxx.: ytant y   64
avoit il de ces senateurs. C'estoient anciens
hommes qui par leur sens aidoient la cité a
gouverner comme le pere fait son enffant; et les
appelloit on peres par escript, car, quant Romulus   68
les ot esleus, il escript leurs noms en une table
d'or avant qu'il les nommast au menu peuple.
Tarquinus[1] li orgueilleux fu le derrenier
roy de Romme. Cilz fu envoié en exil par sa   72
cruaulté. Lors fu abatue la dignité du royaume,
et establirent les Rommains que deux preudommes

---

[1]V₃: Tarquinius.

fussent par dessus les senateurs, qui conseillassent
la cité et feussent remuez chascun an, affin que   76
le remuement leur tollist achoison de mal faire et
de monter en orgueil. L'un s'entremetoit de
conseillier Romme par dedens; l'autre s'entremetoit
des choses foraines, si comme des batailles   80
ordonner. Ceulx estoient appellez consulz. Ce
fu la premiere dignité apres les roys. Nul ne se
maintenoit en celle dignité sy loyalment qu'il y
peust demourer que un an ensemble; mais au tiers   84
an ou au quart le repouoit on bien eslire en celle
dignité se on vouloit.

  Ou v^e an apres que Tarquinius fu chacié de
Romme, establirent les Rommains une autre dignité;   88
car un gendre a Tarquine avoit une grant gent
assemblee comme pour vengier la honte son seigneur.
Pour cel crisme fu celle dignité establie, et pour
adrecier ce qui ne pouoit estre adrecié par ces   92
deux consulz. En celle dignité avoit trois
preudommes, et les appelloit on dictateurs, car
ce qu'ilz disoient estoit fait comme le dit de
ceulx qui estoient commandeurs et maistres du   96
peuple. Cinq ans duroit la baillie; et pour ce
estoient ilz plus haulx que les consulz, qui ne
duroient que un an. L'un de ces trois dictateurs
pourveoit a la commune besoingne de la cité; les   100
deux aloient hors en batailles en diverses
contrees.

  Ces dignitez estoient des greigneurs, car il
y avoit autres de meneur haultesse, si comme   104
tribun, questor, edile, vesque, pretor, patrice,
censor, cyliarche, centurion, decurion.

  Tribuns estoient ceulx qui donnoient aide
et droiture au peuple et aux chevaliers. Ceulx   108

eslist le peuple de Romme un an apres les
dictateurs: ce fu ou vj^e an apres ce que le roy
en fu chacié. Ces tribuns appelloit on deffenseurs,
pour ce qu'ilz aidoient le menu peuple a deffendre   112
quant les senateurs leur faisoient tort.

    Questor estoient les enquereurs des drois
et des tors, et estoient aux consaulx donner.

    Edile estoient ceulx qui ordonnoient les gens   116
et les chaces, et disoient les heures et les jours
que on devoit chacier et jouer, et enseignoient
les lieux ou on devoit les geux faire, et faisoient
rappareillier les communes maisons, si comme le   120
Capitole, les temples et les theatres.

    Vesque estoient ceulx qui princes et maistres
estoient des sacrifices et des prebstres qui
gardoient les temples de Romme.   124

    Pretor estoient prevostz, commandeurs et
gardes des lieux ou on plaidoioit.

    Patrice estoient ceulx qui a leur pouoir
gardoient le peuple comme fait le pere son enfant.   128

    Censor estoient ceulx qui jugement
donnoient des patrimoines et des meubles.

    Cilyarche estoient connestables de mil
chevaliers; centurion de cent; decurion de dix.   132

    Dessus toutes ces baillies vint apres le
nom d'empereur. Julius Cesar fu le premier qui
par ce nom se fist appeller, si comme on trouvera
cy apres. Il avoit esté en plusieurs ces   136
baillies; au derrenier se fist clamer empereur.

    Desormais est droit que nous commencions
a compter de Julius Cesar, qui fu le premier
empereur; car ces dignitez, dont nous avons cy   140
encloses les raisons, seront plus legierement
entendues quant nous en parlerons cy apres.

Comment Julius Cesar nasqui

Gayus Julius Cesar fu tant ou ventre de sa
mere qu'il couvint le ventre trenchier ains qu'il   144
en yssist. Et trouva l'en qu'il avoit moult
grans cheveux. Pour ce fu il appellé Cesar par
son nom, car ce mot Cesar puet segnifier
cheveleure ou trenchement. Gayus fu son principal   148
nom, car il fu appellé Julius pour ce qu'il fu
du lignage Juli, qui fu filz Enee. De ce dit
Virgiles:
    Julius a magno demissum nomen [J]ullo;   152
c'est a dire que Julius descendi du lignage Enee,
qui ot un filz qui ot nom Julus, dont le nom de
Julius fu extrait.
    Julius Cesar estoit ou vj^e an quant il   156
perdi son pere. Les .ii. consulz qui furent
apres en firent provoire d'un temple de Romme ou
il avoit vierges nonnains qui servoient illecques
en l'onneur d'une deesse de paiens qui avoit nom   160
Nesta.[2]
    Sa premiere femme ot nom Cossucia*, qui de
chevalier estoit et moult riche. Celle avoit
esté fiancee d'un noble Rommain, qui ot nom   164
Pretextatus, ains que Julius l'espousast. Ceste
laissa Julius Cesar et print une autre, la fille
Cyne, qui avoit esté consul quatre fois. Celle
fu appellee Cornille, et Julius Cesar en ot   168
tantost une fille qui Julia ot nom.
    Lucius Silla*, qui lors estoit maistre
dictateur, ne pot oncques faire par force de

---

  [2]V$_3$: Vesta.

iustice que Julius perdist celle preudefemme. 172
Dont il avint que Lucius Silla li fist tollir et
heritaiges et douaire et l'office de prouvoire;
et se aloient reponnant ça et la il et sa femme.
Et ja soit ce qu'il eust fievre quartaine, il 176
couvenoit qu'il remuast hostel chascune nuit.
Quant les sergens au dictateur le trouvoient et le
vouloient mener a la justice leur seigneur, il
faisoit tant vers eulx par deniers qu'ilz le 180
laissoient aler. Au derrenier luy pardonna Luce
Silla et le clama quitte par la priere des vierges
qui estoient au temple dont il avoit esté prouvoire,
et pour ce que ses amis en prierent: Mamertus 184
Eurilius* et Aurelius Costa*, qui moult estoient
renommez et parens sa femme. Luces Silla avoit
maintes fois refusees les prieres d'eulx et de
mains autres nobles Rommains qui pour lui avoient 188
prié et estrivé pour sa paix. Au derrenier,
quant ilz l'orent vaincu: "Je ne sçay se ce fu
par divine voulenté ou par aventure, mais, il
dist, je sçay bien qu'il fera encore ennuy aux 192
plus cointes senateurs de la ville, de quel part
vous devez estre aussi bien comme moy. Ne se
merveille nul de ce que ie dy, car en Cesar puet
on trouver assez d'autretieux comme fu Marius, 196
qui maint maulx fist aux Rommains, que ie vainqui
et chassay de la bataille." Vraiement ainsi
advint que Luce Silla dist, car Cesar n'ama
oncques les senateurs ne ilz lui, et au derrenier 200
l'occirent ilz ou Capitole: bien en fu Silla
prophete.

Cy parle de la premiere chevalerie Cesar

Le premier ost ou Cesar ala ce fu en la
terre d'Aize, en celle partie qui est appellee   204
Bithinia. Saint Luc l'euvangeliste y transist.
La l'envoia Marcus Termus,[3] un prevost de Romme,
pour assembler une estoire de nefs pour destruire
Mitilaine: c'est une ysle ou la nef Saint Pol   208
brisa quant Festus, le procureur de la terre
d'outre mer, l'envoioit loiez a Romme a Noiron,
a qui il avoit fait son appel contre les Juifs,
qui pour la foy Jhesu Crist le vouloient occirre.   212
Nichomedes* estoit roy de Bithinie. Julius Cesar
demoura entour lui tant comme il s'entremist de
celle estoire assembler, et y fut tant qu'il ot
mauvaise renommee de lui, et fu blasmé l'un de   216
l'autre. Ce meisme acreut son blasme et la
souspeçon que, quant Julius Cesar se fu parti
de la, il y repaira, ne demoura gaires, autressi
comme pour achoison de demander avoir que on   220
devoit a un sien sergent; mais on savoit bien
qu'il estoit retourné pour sa folie. Il fu de
meilleur renommee apres, vers la fin de cest
ost, car Marcus Termus lui donna couronne de   224
victoire pour ce qu'il fourny bien la besoingne
ou il ot envoié et prist par force Mitilene,
celle ysle dont nous avont[4] parlé.

Apres le mena Servilius,* un connestable   228
rommain, en souldoierie en la terre de Cilice.
Mais il retourna tantost, car il oy dire que
Luce Silla y ere mort et que une discorde estoit

---

[3]V_3: Marcus Thermus.

[4]V_3: avons.

a Romme commencié dont Marcus Lepidius[5] estoit   232
chief, et se pensa que la mort de Luce Silla et
celle discorde le pouoit mettre avant.

    Celle discorde vint en ceste maniere: Lucius
Tullius* et Marcus Lepidius estoient consulz;   236
Publius Aucornius* et Publius Silla* furent
nommez et esleuz a consulz l'an apres; mais ilz
furent ataint qu'ilz en avoient donné loyer au
senat; pour ce ne porent estre consulz, ains le   240
furent Lucius Costa[6] et Lucius Torquatus.
Catilina meisme, qui le cuidoit estre, ne pot,
car il refu ataint d'une debte qui devoit que il
neoit a iiij. qui lui avoient creu son avoir.   244
Or vindrent Publius Autronius et Publius Silla
et Catilina, si trayrent a eulx un josne homme
qui avoit nom Piso, de grant lignage et de grant
hardement, mais povre estoit; et jurerent qu'ilz   248
occirroient le premier jour de janvier ou Capitole
les deux consulz Luce Costa et Luce Torquat, pour
ce que l'en les avoit refusez et mis arriere, et
que on ne souffroit pas qu'ilz fussent consulz.   252
Des senateurs meismes avoient juré a occirre ne
sçay quans. Mais ce destourna leur coniuroison
que Piso fu envoié en Espaigne par le conseil
du senat atout un ost, et Marcus Crassus mesmes   256
le loa, pour eslongnier de la cité homme qui
noiseux estoit; Marcus Crassus le loa pour
amenuisier la force Pompee qui le heoit et qui
lors ensement estoit en Espaigne; car quant un   260
bailli venoit sur autre, le pouoir du premier
affoiblissoit.

---

[5]V₃: Lepidus.
[6]V₃: Lucius Cotta.

Assez [i ot] de ceulx qui cuiderent que
Julius Cesar et Marcus Crassus fussent de ceste   264
coniuroison; et Charnisius* et Marcus Biblius[7]
et Curro Pater le tesmoingnent en leur escript,
et Ciceron l'aferme en une epistre. Et durent
jurer ensemble Marcus Crassus, Julius Cesar,   268
Cateline, Piso, Lucius Autronius, et Publius
Silla qu'ilz envoieroient le senat ou Capitole
a l'entree de l'an et occirroient les deux
consulz Luce Coste et Luce Torquate, et tous   272
les mieulx vaillans des senateurs. Et lors
seroit Marcus Crassus dictateur, et Julius Cesar
prince de la chevalerie et maistre, et Lucius
Autronius et Publius Silla seroient consulz; et   276
lors si pourroient faire du commun de la ville
a leur talent. Et cuide on que celle occision
remansist pour ce que Marcus Crassus n'ala pas
au jour nommé, espoir ou pour paour ou pour ce   280
qu'il se repentoit de son serement. Julius et
Piso redevoient avoir juré que l'un aideroit
l'autre: Julius mouvroit nouvelles barates a
Romme contre le senat, et Piso en Espaigne   284
ensement. Mais le conseil de l'un et de l'autre
vint a neant, car Piso fu occis en Espaigne par
ses chevaliers qui ne pouoient sa cruaulté
souffrir.   288
Quant Julius Cesar fu retourné de Cilice
a Romme pour ceste coniuroison, Marchus Lepidius[8]
lui fist mainte offre a Romme <et> qu'il se
tenist a lui; mais Julius n'ot cure de sa   292
compaignie, pour ce qu'il estoit engigneux ne

---

[7]V₃: Marcus Bibulus.
[8]V₃: Marcus Lepidus.

n'avoit pas si grant force comme Marchus Crassus.[9]

Comment Cesar fu pris des larrons de mer et comment il les reprist apres

Quant celle noise fu appaisiee et celle
coniuroison remese, Julius Cesar demanda a   296
Cornille Delobelle, un noble homme, certains
deniers qu'il lui devoit. Quant il fu paiez,
si dist qu'il yroit en l'isle de Rodes et
demourroit illecques tant que l'envie et la   300
souspeçon du coniurement seroit oubliee, et
pour ce qu'il vouloit veoir un bon maistre
et bien parlant qui estoit en Rodes, et
aprendre de lui tant comme il seroit en repos.   304
Cellui maistre appelloit l'en Apoloine Milon.

Quant il aloit en Rodes a ce maistre,
larrons de mer le prindrent en yver temps
pres d'une ysle que on nomme Sarmacuse,[10] et   308
le tindrent quarante jours entiers. Ce lui
tourna a grant desdaing, ne n'avoit avec soy
en la prison que un mire et deux varles de sa
chambre; car si tost que il fu pris, il envoia   312
ses compaignons et ses sergens pour pourchacier
sa reançon. Cinquante talent d'or[11] en paya. Et
tresque les larons l'orent mis au rivage il
n'atendi oncques riens, ains suy tout a force   316
le batel lui et ses compaignons, tant qu'il les
ataint a force et print tous les dis larrons et
leur tolli tout leur avoir et les tourmenta, si
comme il avoit promis a eulx souvent en jouant   320

---

[9]V₃: Marcus Crassus.

[10]V₃: Pharmacuse.

[11]V₃: talenz.

quant il estoit en leur prison.

    Puis ala a Rodes, et y fu tant qu'il oy
dire que le roy Mitridates d'Ayse gastoit les
legions[12] de la entour. Lors ala de Rodes en Ayse   324
atout tant d'aide comme il pouoit avoir et chaça
de la terre le prevost le roy Mitridates, et
retint et garda les citez en la foy de Romme,
qui ne savoient ainçois ou elles se devoient   328
tenir, et doubtoient se elles se rendoient[13] au
roy Mitridates ou non.

    Apres ce, au plus tost qu'il repaira a
Romme, les senateurs en firent tribun par l'aide   332
du menu peuple. Luce Silla avoit celle dignité
affoibloiee et amenuisie[e] quant il fu dictateur,
mais Julius Cesar la remist en son droit estat et
en son premier point. Il fist venir en la cité   336
de Romme Luce Crue,[14] le frere sa femme, et autres
qui s'en estoient fouys de la ville pour la
coniuroison dont nous avons parlé.

Comment Cesar ouvra quant il fu questor

    Tantost comme Julius fut questor, il ala,   340
si comme coustume estoit, emmy le lieu ou on
tenoit les plais a Romme. Ce lieu avoit nom
porrastre,[15] qui sonne "bec de nef," car illecques
estoient les becs des nefz d'Auffrique dont   344
Cartaige fu prinse, en remembrance de la victoire
des Rommains. Illec loa Cesar oyans tous Juille

12V3: regions.

13V3: tendroient.

14V3: Luce Cynne.

15V3: prorostre.

sa tante, la suer son pere, et Cornille sa femme,
qui mortes estoient, et dist de sa tante: "La 348
mere Cornille[16] ma tente descendi du lignage aux
roys; son pere fu du lignage aux dieux. Or est
doncques haultesce et sainteté en mon lignage,
car ie suy et de dieu et de roys." 352
  En lieu de Cornille espousa il la fille
Quinte Pompee; Luce Silla fu oncle a la dame, et
ot nom Pompeya. Ceste laissa il apres pour
adultere dont elle estoit souspeçonnee, car on 356
disoit communement que Publius Clodius la tenoit;
et fu sceu que cil se vesti un jour comme femme
et ala a la dame tresparmy la gent qui faisoient
les sacrifices communement; mais on sceut bien 360
qu'il s'estoit desguisiez pour l'amour de la
dame. Les senateurs meismes en murent grant
plainte, pour ce que les sacrefices en avoient
esté polus, et pour ce la laissa Julius. 364

Comment Julius fu envoié en Espaigne et comment il ala veoir l'image Alixandre

  Apres envoia le senat et le peuple Julius
en la derreniere Espaigne pour faire droiture et
pour adrecier et ordonner les affaires de la
contree, et ala tant qu'il vint a Gades, une cité 368
d'Esclavons, et entra ou temple Hercules, ou un
dieu des payens estoit aourez. Illec trouva
Julius Cesar une ymage du roy Alixandre si
l'esgarda et gemy et se tint pour peresceux. 372
"Ha! Ha! fist il a soy mesmes, com suy mauvais,
qui n'ay encores rien fait dont ie doye los avoir!

---

[16]V$_3$: Juille.

Et cilz dont je voy cy l'image avoit conquis
pres que tout le monde quant il estoit de mon   376
aaige." Lors lui crut son hardement, et pensa
qu'il emprendroit greigneur chose que il n'avoit
fait devant et vouldroit monter en greigneur pris.
La nuit devant, lui fu avis en dormant qu'il   380
gisoit charnelment avec sa mere. De ce fu il
moult confus. Mais les devins qui s'entremetoient
d'espende songes[17] le reconforterent moult, car ilz
lui distrent: "La terre est mere de toy, et ce   384
que tu avoies ta mere soubz toy segnifie que tu
avras encores toutes terres en ta subieccion et
seras sire du monde."

    Ce le mist en grant esperance de grant chose   388
encommencier; dont il avint qu'il ala tantost en
terre de Labour oultre Romme avecques estranges
gens qui la estoient venus pour la terre gaster
et gaaignier; et leur ot en couvent a aucun de   392
hardement de faire leurs paix vers les senateurs.[18]
Mais les consulz detindrent les legions des
chevaliers pour doubte de ce, et les firent un
pou demourer, tant que ces gens furent apaisiez.   396
Quant ce fu remez, les legions s'en alerent en
Cecile,[19] ou elles estoient destinees et mises
en escript pour envoier la.

Comment Cesar se fist amer quant il fu edile

Ne demoura gaires que Cesar fu edile; et   400
le fist si bien en celle baillie qu'il y acueilli

---

[17]V₃: de songes espiaudre.

[18]V₃: et les eust esconmeuz Cesar a aucun hardement contre les senators.

[19]V₃: Cylice.

grant los. Il aourna et amenda le lieu ou on
donnoit les dignitez et le lieu ou on plaidoit
et les palais et le Capitole, et y fist porches 404
ou on pouoit mettre partie des choses de Romme
quant elles habundoient, et armes et autres
affaires qui apartenoient au commun.

  Marcus Bibulus fu son compaignon. En celle 408
baillie Julius Cesar establi assez chaces et
geux, si comme il apartenoit a telle baillie,
et avec son compagnon et sans lui, dont il
advint qu'il avoit tout seul la grace de quanques 412
il faisoit et par soy et avec son compaignon.
Neis de leurs communes despenses avoit il tout
seul le los, et disoit bien Marcus Bibulus son
compaignon: "Il est avenu a moy ce qui est avenu 416
a Poluce." (Castor et Poluce furent freres, et
les Rommains les mettoient ou nombre de leurs
dieux, si que ilz avoient un commun temple a
Romme; ne ne disoit on pas: "Veez cy le temple 420
Castor et Poluce" ensemble; ains disoit on:
"Veez cy le temple Castor," sans renommer
Poluce.) "Autressy est il avenu a moy, disoit
Marcus Bibulus, je et Julius faisons les despens 424
du commun, et il en a tout le los."

  Et avec tout ce il acreut le nombre de
ceulx qui se combatoient aux espees ou teatre
pour pris avoir en la maniere que nous dirons. 428
Il avoit une grant place a Romme, çainte de
haulx murs, que on appelloit cercle ou emphiteatre;
car voirement theatres n'est pas rons, ains est
comme demie roe, mais li emphiteatre est rons 432
comme un cercle. En cel emphiteatre avoit deux
portes, une vers orient, l'autre vers occident.
Parmy ces deux portes entroient deux chevaliers

sur deux blans chevaux tous armez, et avoient 436
deux heaumes de fin or en leurs chiefz et
venoient a eslez l'un contre l'autre et
s'entreferoient grans coups des espees et se
combatoient tant que l'un coupoit le chief a 440
l'autre. Cilz qui son compaignon surmontoit
avoit la victoire et estoit couronnez de lorier
et l'onnouroit le peuple.

    Une autre maniere de bataille faisoit on 444
en ce lieu meismes aux espees; car on fichoit
espees tout entour le cercle, si que les pointes
estoient droit tournees a ceulx qui estoient
emmy le cercle. Lors venoient deux curres en 448
place et deux chevaliers armez sur ces deux
curres, et les charretiers sur les chevaulx,
qui conduisoient les curres par si grant maistrie
que les chevaulx ne se hurtoient pas aux pointes 452
des espees ne ne passoient le cercle; ainsi
combatoit li un chevalier a l'autre tant que li
un estoit conquis.

    Le nombre de ces chevaliers acreut Cesar. 456
Et moult plus en eust estably et assemblé; mais
ses amis, qui furent espoventez de ce qu'il
acroissoit volentiers mesgnie et de [ce] que
habundance de sergens lui venoient en maintes 460
manieres, et ly senat meismes firent tant par
engin que on establi certain nombre de chevaliers,
si que ne Cesar ne autre qui fust en celle
baillie n'y en pouoit nulz mettre oultre ce 464
point. Les senatz se recordoient bien de ce que
Luce Silla leur disoit quant il vivoit: "Gaitiez
vous du varlet mal çaint"; c'estoit de Jule Cesar,
qui portoit tousiours sa courroie lasche, qui 468
josne estoit plain de grant subtilité.

Quant je lis de Jule Cesar que Luce Silla
appelloit le varlet mal çaint, si me remembre de
monseigneur le roy Phelippe de France, que on
pouoit bien appeller le varlet mal pignié quant
il estoit josne, car il estoit tousiours herecié;
car il n'ot pas moins de sens en lui que ot Jule
Cesar, fors seulement de lectres, ne n'ot pas
moins affaire que Jule Cesar ot; et encontre ce
que Jule Cesar fu lectré, estoit le roy sans
malice, car lectreure avisa Jule Cesar en maint
malice.

472

476

480

Comment Julius Cesar ot le senat en hayne pour ce que il lui refusa le pays
d'Egypte a garder

Quant Cesar ot en celle baillie l'amour du
peuple et l'ottroy, il se travailla moult pour[20]
l'aide des tribuns que li senat et le peuple
lui ottroiassent Egypte a garder et a gouverner,
car ceulx d'Alixandrie chacié le roy hors de sa
terre. Mais les senateurs ne le vouloient pas
ottroier, car ilz tenoient le roy d'Alixandrie
pour compaignon et pour amy, ne il ne plaisoit
pas aux menues gens d'Egypte de ce que ceulx
d'Alixandrie avoient ainsi chacié le roy.
    Lors sceut Julius Cesar maugré au senat
de ce que la contree d'Egypte lui fu escondite,
et fist refaire en hayne des senateurs un arc
qu'ilz avoient abatus.[21] En cest arc estoient
escriptes les victoires que Maurius[22] avoit eues

484

488

492

---

[20]V$_3$: par.
[21]V$_3$: abatu.
[22]V$_3$: Marius.

de Junginta* et de Tyois. Junginta fu un roy   496
des Numidiens; cellui amena pris et loyez a Romme
Marius, et firent les Rommains un arc ou celle
victoire fu escripte, et firent saillir Junginta
de l'un des ars a terre, si qu'il mouru. Pour   500
ce que Marius fu apres hay des senateurs ilz
l'abatirent en deshonneur de lui les ars de sa
victoire apres ce que Lucius Silla l'ot chacié
de bataille. Ces ars fist refaire Julius Cesar   504
pour amenuisier l'auctorité du senat et pour
monstrer qu'ilz avoient son maulgré pour la
province d'Egypte qu'ilz lui avoient escondite.

   Plus fist contr'eulx; car les bannis et   508
les exilliez de Romme, que les senateurs avoient
rappellez et leur avoient donné avoir du commun
de Romme pour ce qu'ilz avoient rapportees d'une
bataille qui fu entre Luce Silla et Marius les   512
testes des citoiens de Romme qui y furent occis,
tint il pour dampnez et les iura et mist ou nombre
des murtriers. Et fist appeller de trayson un
noble homme, cilz avoit nom Gayus Rabirius, pour   516
ce qu'il avoit esté en la force et en l'aide du
senat quant ilz tollirent a Luce Saturnin la
baillie de tribun pour sa noise. Cestui dampna
Julius Cesar et iura,[23] tout pour honte du senat.   520

Comment Cesar fu vesque

   Quant Cesar vit qu'il ot perdue toute
l'esperance d'Egypte avoir, il tendi a une autre
-chose, car il voult estre vesque, ce est souverain
sire et maistre des temples et des sacrefices.   524

---

[23]V₃: jucha.

Pour celle dignité avoir il emprunta moult grant
avoir; et un jour qu'il aloit au lieu ou on
donnoit les dignitez, il acola sa nourrice et
la baisa, et lui dist: "Je ne revendray en maison 528
se evesque non," car il avoit grant esperance en
l'avoir qu'il portoit. Ainsy avint il et repaira
atout la dignité et fu vesque.

    Quintus Catullus[24] le tourna a grant desdaing, 532
car il cuidoit estre vesque, comme cilz qui estoit
riche homs et ains nez de Cesar, et plus avoit
eues dignitez de luy. Mais celle ne pot il avoir
et fu bouté arriere et Cesar fu avant appellé. 536
Piso meisme, un autre noble homme, aussi fut
moult doulent, pour un jugement que Jule Cesar
donna contre lui. Cil Piso avoit batu un homme
qui lui devoit deniers. Jule Cesar avoit jugié 540
que Piso devoit les deniers perdre pour celle
bateure. Mais ne demoura pas pour nul de ces
deux que Cesar ne fust vesque, car le peuple
lui aida plus que aux autres. 544

Comment plusieurs avoient fait coniuroison contre le commun de Romme

    Apres ce fu Julius prestor. En ce temps
fist Cateline, dont nous vous avons parlé ça en
arriere, une grant discencion et grant coniuroison
contre le commun de Romme, et ot assez senateurs 548
et autres nobles hommes en celle coniuroison,
et d'autres menus hommes dehors. Des autres
hommes y furent Publius Lentulles,* Luce
Autronius,* Lucius Cassius Longinus, Gayus 552
Ceteger, Publius Servius,* Lucius Vargonteus,*

---

[24]V3: Catulus.

Quintus Curius. Des chevaliers y furent <nul>
Marcus Filius,* Lucius Statilius, Publius
Gabinius Capito, Gayus Cornelius. Des villes   556
de fors et de chastiaulx y ot il tant que
merveilles fut. Et moult y ot de nobles hommes
qui couvertement se tenoient a Cateline, non pas
pour povreté, mais pour couvoitise de monter   560
en haultesce se ilz y pouoient avenir, si que
les consulz et les plus puissans fussent occis
par la coniuroison Cateline. L'autre jouvente se
tenoit a Cateline pour ce que telz y avoit des   564
josnes hommes qui amoient plus discorde que
paix. Marcus Crassus* meismes et Julius refurent
de celle coniuroison, non pas apertement, mais
en repost. Pour ce cuide on que Julius ne osa   568
pas jugier a mort les compaignons Cateline
quant ilz furent pris et la coniuroison
descouverte.

      Luce Cateline, ce dit Saluste, fu de noble   572
lignage et de grant force de corps et de grant
hardement de cuer; mais de malicieux engin fut
il. Et usa toute sa jouvente en mauvaises
oeuvres, si comme en homicides, en roberies,   576
en violences, et en toutes discordes, et en
luxure. Il pouoit souffrir fain, froit,
veillier, et autres travaux plus que on ne
pourroit croire. Hardi courage avoit,   580
trichierres estoit, divers et couvoiteux de
l'autrui, gasteur du sien, de grans parolles, de
petite science, et tendoit a grans choses,
mesmement a estre consul et sire du commun de   584
Romme. Et quant il vit que Luce Silla estoit
mort et que Pompee estoit en loingtaines
batailles et en estranges terres, et que le

pays de Romme estoit auques sans chevaliers, yce   588
le faisoit beer a estre seigneur.

    Quant il estoit jousne, il despucela une
vierge de grant gent, et une autre vierge qui
estoit prestresse et abbesse du temple Veste.   592
Au derrenier en ama une qui ot nom Aurele, qui
fu du lignage Horesce. Moult estoit belle
femme; mais, si comme dit Saluste, en li n'ot
oncques bien qui a loier feist, ne mais qu'elle   596
refusa a l'encommencement d'estre espouse
Cateline, pour ce qu'il avoit un filz qui ja
estoit aucques grant; car elle se doubtoit,
si comme femmes seulent faire de leurs   600
fillastres. Mais, si comme on dit, Cateline
tua son filz et puis si espousa la dicte dame.
Ce fu la chose pour quoy les dieux souffrirent
plus son destruizement, car il en fu hay et de   604
dieu et des hommes, ne ne pouoit reposer n'en
veillant n'en dormant. Il avoit pale chiere,
lait regart; une foy courroit, autrefoys aloit
souef.   608

    Il avoit si la jouvente de Romme enlaciee
et introduite a mal faire, que les uns vivoient
en toute maniere de luxure, les autres embloient,
roboient, portoient faulx tesmoingnages, mentoient   612
leurs foys, et se habandonnoient a tous perilz.
Ces jouvencelz suivoient Cateline pour les
mauvais usages maintenir. Mais ces greigneurs
qui sont arriere nommez le suivoient pour   616
achoison de monter en dignitez et en haultesces,
se ce pouoit estre fait que Cateline avoit
pourpensé.

Comment Cateline enhorte ses compaignons

Un jour appella Cateline ses compaignons   620
priveement et leur dist: "Siegneurs, je tendisse
pour neant a faire seigneurs de Romme moy et mes
compaignons, se ie ne fusse certain de vostre
vertu et de vostre foy. Mais pour ce que ie   624
vous ay trouvez hardis et loyaux en maintes
grans besoingnes, ose mon courage emprendre si
grant fait comme vous savez. Et ie entens bien
que vous estes appareilliez de recevoir bien ou   628
mal avec moy. Souveraine amour est quant une
compaignie de divers hommes devient une meisme
chose. Vous avez pieça oy mon pensé, et que ie
entens moult a ma franchise et a la vostre.   632
Vous veez que un pou de senateurs ont toute la
seignourie et la richesce de toute la cité de
Romme, et deux consulz avec eulx. Mais nous
qui deussions estre avant sommes tenuz pour vilz,   636
ne nul ne nous appelle a nulle haultesce, qui
deussions estre crains et redoubtez. Ilz ont
la grace, le pouoir, l'onneur, et la richesce;
nous sommes deguerpys en perilz, nous [sommes]   640
debouté et jugé, nous sommes en povreté. Hommes
plains de vertus, iusques a quant souffrerons
nous ce? Donc nous vault il mieulx morir
vertueusement et a honneur que vivre a honte   644
et en chetiveté. Je tray a tesmoing et Dieu
et hommes que la victoire est en vous se vous
voulez. Vous estes josnes hommes, vigoreux
et hardis. Ilz sont anciens, aparescis en   648
richesses. Commançons sans plus, la chose est
achevee. Nulz homs qui sens ait, comment
pourroit souffrir ce qu'ilz en font maisons

riches, palais quatre a quatre, achetent les 652
lis pains, les tables, les vaisseaux d'or et
d'argent, et cuident la mer emplir et les mons
abaissier, abatent murs et refont, ne scevent
qu'ilz puissent faire de l'avoir, tant en ont? 656
Et nous avons souffrete en noz hostelz, et sommes
endebtez malement, nous n'avons esperance de nul
bien avoir. Esveilliez vous doncques. Vous
veez la franchise a l'oeil que tant avez 660
couvoitié. Richesces, honneur, et gloire vous
sont appareilliees. Fortune vous promet ytel
loyer. La chose, le temps, et le peril ou
vous estes souvent, et la povreté, les grans 664
despoueilles que vous avrez vous doivent plus
enhorter que ma parolle. Je seray vostre
chief. Je vous enseigneray; ne mon cuer ne mon
corps <ne mon corps> ne vous deguerpira. Je 668
seray[25] consul et seigneur moy et vous, se vous
n'amez mieulx estre garcon que damoisel."

    Quant Cateline ot ainsi parlé, ceulx, qui
bien estoient entalenté de mal faire, luy distrent: 672
"Quel loier arons nous et quel honneur, se nous
nous maintenons en ceste besoingne vigoreusement?"
Lors Cateline leur commença a promettre que ilz
seroient senateurs et porteroient tables d'or, 676
si comme les senateurs faisoient en segnifiance
que Romulus escript les senateurs en table d'or
quant ilz furent premiers esleuz; et leur promist
Kateline qu'ilz seroient maistres et commandeurs, 680
et prendroient a dextre et a senextre quanqu'ilz
leur plairoit.[26] "Vous veez bien, dist Cateline,

---

[25]V₃: ferai.

[26]V₃: quanque lor pleroit.

que Piso est en Espaigne et Publius Servius* en
Mauritaine. Ceulx sont mes amis, mes conseilliers;   684
ceulx me aideront partout, et hors et ens. Gayus
Anconius[27] doit estre consul; se il l'est, dont ay
ie tout gaagnié: cilz fera quanque ie vouldray."
Puis commença a loer Cateline tous ceulx un et   688
un qui estoient de sa suite. Les autres
preudommes de Romme commença a blasmer et a
reprendre chascun de son vice.

On dit que quant Catheline ot sa raison   692
finee et il vot prendre les seremens de chascun,
il ot appareillié sang d'omme meslé en venin
en un hanap, et le porta tout entour et donna
a boire a un chascun, affin que l'un fust a   696
l'autre plus fers et plus loyaux; et apres ce,
leur ouvry son parfont conseil. Apres, quant
les cuers de tous furent bien affermez, si se
departirent.   700

Comment la coniuroison Cateline et des siens fu revelee

Quintus Curius, noble Rommain, fu de celle
coniuroison, un homs plain de tous vices. Les
censeurs de Romme l'avoient osté du senat pour
son mauvais cry. Hardy estoit, mais plain fu   704
de vanité; ne savoit celer ne soy ne autrui; ne
lui chailloit qu'il deist ne qu'il feist. Une
noble dame avoit a Romme, Fulvia estoit nommee.
Celle maintenoit Quintus Curius, mais elle lui   708
faisoit dangier pour ce qu'il ne lui pouoit
donner assez a sa voulenté. Et quant coniuroison
fut confermee, Quintus Curius commença a

---

[27]V_3: Gaius Antonius.

promettre a la dame et les mons et les vaulx.   712
A chief de fois la menaçoit de s'espee se elle
n'estoit a la voulenté et du tout obeissant a
luy; et au derrenier la demenoit assez plus
cruelment qu'il ne souloit. Dont il avint que   716
la dame descouvri la coniuroison a plusieurs
gens, tant que la ville en fu toute espoventee,
mais ne savoient pas les noms des coniurez,
car la dame ne les nommoit pas. "Que ferons?   720
Que ferons nous?" disoit chascun a Marcus
Tullius.

    Ciceron estoit lors venu a Romme manoir
n'avoit pas long temps, et par son sens en   724
fust voulentiers le peuple conseilliez. Mais
l'orgueil des aucuns ne laissoit, qui disoient
que on ne le devoit pas appeller a si grant
dignité comme a conseille qui estoit homme   728
nouvel et estrange, et laissier les nobles de
la cité. Mais quant ce besoing vint, il couvint
que l'envie et l'orgueil cesast; car quant le
jour vint que on devoit les dignitez donner,   732
selon ce que on les remuoit chascun an, Marcus
Cicerons fu conseilles, car la cité avoit mestier
de grant conseil en celle besoingne, ne il n'avoit
si sage homme en la ville. Gayus Antonius fu   736
consul avec lui, cellui dont Cateline s'estoit
vanté qu'il en feroit a son talent.

    Et pensoit Cateline que, se il pouoit faire
en aucune guise que Marcus Tullius et Ciceron   740
fussent occis, il seroit consul l'an apres, et
Gayus Antonius son compaignon, et feroit tout
son voloir. Mais Ciceron s'en garda sagement,
car, tresqu'il fu consul, il parla priveement   744
a celle dame que Quintus Curius maintenoit,

qui premierment avoit descouverte celle
coniuroison, et lui donna et promist tant
qu'elle lui promist qu'elle feroit tant que 748
Quintus Curius lui descouvreroit tous les
consaulx Cateline. Et ordonna Ciceron que
Gayus Antonius son compaignon yroit es provinces
et contrees hors de Romme, et il remaindroit 752
pour conseillier le commun, car il ne vouloit
pas que son compaignon grevast au commun ne
qu'il fust en l'aide ne en la force Cateline.
Et tenoit Ciceron amis et sergens entour soy, 756
qui le gardoient en repost et couvertement
que les coniurez ne s'en apparceussent.

Lors fu Cateline en grant angoisse. Il
envoia hors de Romme en plusieurs lieux plusieurs 760
de ses compaignons pour assembler gens a armes.
Maulius* ala au consul,[28] Gayus Julius en Puille,
les autres en divers lieux ou Cateline cuidoit
que chascun feist mieulx son pouoir. Cateline 764
demoura a Romme, qui gaitoit Cyceron, et portoit
dars et espees, et metoit gens armez en secré[29]
lieux, et regardoit comment il pourroit la
ville ardoir, semonnoit les uns et les autres 768
a mal faire, a gaittier et veillier chascune
nuit.

Un soir assembla Porcius Lecca* par le
commandement Cateline tous les plus haulx 772
maistres de la compaignie, et leur dist
Cateline: "Seigneurs, trop estes peresceux.
J'ay envoié noz compaignons pour gens
assembler en divers lieux. Je vouloie aler 776

---

[28]V₃: a Fesseles.
[29]V₃: secrez.

apres eulx en l'ost; mais ie n'atens que la
mort de Ciceron, car nostre besoingne ne
puet estre achevee tant comme il vive. Son
engin depiece quanques nous faisons."   780
    Quoy que les uns estoient espoventez en
ces parolles, et les autres doubtoient, Cornille,
un chevalier rommain, et Lucius Vargunteus, et
aucuns senateurs creanterent illec qu'ilz   784
yroient celle nuit meisme en la maison Ciceron
comme pour le saluer et pour le veoir, et
avroient hommes armez qui tantost l'occirroient.
Mais Quintus Curius, a qui Ciceron avoit promis   788
et donné biaux dons, lui fist toute ceste chose
savoir. Fulvia, celle que Quintus Curius
maintenoit, y ala tout quoyement et en garny
le consul, si que ses portes en furent closes   792
toute nuyt, ne n'y porent oncques entrer par
nulle achoison ceulx qui occirre le vouloient.
Et Cateline du forcener et de commouvoir hommes
et femmes ne cessoit, car par les femmes cuidoit   796
il maintes choses achiever, si comme a ardoir
la ville, a atraire sergens, a acompaignier a
soy leurs maris ou les occirre. De ces femmes
y avoit assez a qui on avoit donné grant avoir   800
pour gaing de leurs corps, et avoient longuement
esté en luxure, et gastee y avoient leur jouvente
en plusieurs. Sempronia estoit une de ces
femmes de grant lignage et de merveilleuse   804
biauté, et avoit esté aventureuse de bon mary et
de biaux enfans. Elle savoit grec et latin,
chanter, baler, jouer et toutes les choses qui
puent luxure adviver: telles choses amoit elle   808
mieulx que honneur et chasteé ne que bonne
renommee. Elle estoit si ardant qu'elle

requeroit plus souvent les hommes que les
hommes elle. De mainte chose s'estoit entremise 812
que homme osast a peine faire. Souvent avoit
sa foy mentie, neis de ses homicides consentir,[30]
tresbuschee en luxure et en povreté. Elle
savoit faire vers, rime et mouvoir gens,[31] parler 816
comme dame, comme pucelle, comme pute, et toutes
lecheries demener. Ceste et autres males
femmes et larrons et robeurs avoit Cateline
en sa coniuroison. 820

    Maulius,[32] qu'il avoit envoié en Fesselle
pour gens assembler, amassoit grant pouoir
et robeurs et larrons et autres males gens;
si que Cyceron, quant il oy la nouvelle, se 824
sçot a paine conseillier, car il veoit les agais
de la cité, ne ne savoit com grant ost Maulius
avoit dehors, et que Cateline troubloit toute
la ville; tant que il assembla les senateurs 828
et leur dist la chose si comme on l'aloit disant
en plusieurs lieux. Lors jugerent les senateurs
que les consulz se pourveissent en telle maniere
que le commun n'alast a mal, et donnerent congié 832
que on appareillast chevaliers armez, et autres
garnissemens pour la cité garantir (car les
consulz n'osoient pas assembler ost ne donner
jugement sans le congié du senat). 836

    Un petit apres Luce, un senateur, leut unes
lectres ou senat, qui furent apportees a Romme,
et disoient les lectres que Maulius avoit prins
armes a grant multitude de gens vj. jours devant 840

---

[30]V3: noiees detes, homicides consentiz.

[31]V3: geus.

[32]V3: Manlius.

les kalendes de novembre. Les autres disoient
que on reportoit armes en Puille et en autres
lieux contre la coustume qui lors estoit (car
nul ne devoit porter armes sans le congié du   844
senat). Lors furent envoiez la par le
commandement du senat Quintus Marius Roy[33]
a Fesselle, celle part ou Malius[34] estoit alez
de par Cateline, Quintus Metellus Teticus* en   848
Puille, Quintus Pompeius[35] ala et Metellus Celet*
en champ Picein. Ces deux estoient pretors. Et
autres furent envoiez en autres lieux, et lors
fu commandé que chascun feist ce que mestier   852
estoit a tel besoing. Apres jura le senat que
cil aroit grant loier qui de la coniuroison
diroit verité et enseigneroit ceulx qui estoient
du complot: le sers seroit afranchis et le   856
coulpable seroit quicte clamez et leur donroit
l'en autres dons. Puis commanda le senat que
Romme fust gaittié de jour et de nuit, et que
la mesgnié aux espees fussent envoiez a Capes   860
et a autres forteresces pour les garder. Toutes
les joyes de la cité estoient tournees en
tristeces.

Lors vint Lucius Paulus, et semont   864
Cateline de par le senat qu'il se venist purgier,
car on l'avoit en souspeç<c>on de celle
coniuroison. Cateline vint et fist une chierre
comme se on eust tencié a lui. Lors se leva   868
Ciceron, qui un pou se doubtoit de Cateline et
qui courroucié estoit pour ce que le commun

---

[33]V$_3$: Quintus Marcius Rex.
[34]V$_3$: Manlius.
[35]V$_3$: Quintus Pompeius Rufus.

estoit en peril; et parla si bien Ciceron pour
le preu du commun que tous s'en merveillerent,   872
et celle parolle mist on puis en escript.

Comment Cateline fu appellé ennemy du commun de Romme

Quant Ciceron ot parlé, il s'asist.
Cateline, qui bien savoit faindre en toutes
choses, tenoit le chief enclin et pria   876
debonnairement le senat qu'ilz ne creussent
folement mauvaises parolles de lui, car il
avoit tousiours esté en bonne esperance de
bien des lors qu'il estoit enfes; ne son lignage   880
ne lui donnoit pas qu'il mesprint riens contre
le commun; ne sembloit pas veritable chose
qu'il beast a destruire ce que ses parens
avoient exauciez a leur pouoir, qui patrice   884
avoient esté de Romme; bien devoit garder
et amer le commun, quant Ciceron, qui estrange
homs estoit, faisoit semblant de le garder.
Autres choses dist Cateline qui furent contre   888
Ciceron. Mais quant on oy qu'il blasmoit le
consul, qui preudoms estoit, tuit s'escrierent
et commencierent a appeller Cateline ennemy du
commun et patricide (c'est a dire, qui son pere   892
occist). Et Cateline a courroucier: "Mes
ennemis, dist il, me courrent sus; mais ie
estaindray mon mautalent en leur tresbuchement."
Lors se party de la court et s'en ala en son   896
hostel.

Quant il vit que on gaitoit si la ville
qu'il ne la pouoit ardoir ne ne pouoit le consul
occirre, il s'en ala par nuit de Romme en l'ost   900
que Maulius avoit appareillié. Un pou de

compaignons le suivirent. Cetegus[*] et Antullus[36]
remaindrent a Romme et autres par le commandement
Cateline, qui leur dist: "Pensez de bien faire. 904
Je revendray a vous contre le jour atout tant
de gens comme ie pourray avoir; et vous soiez
appareilliez de mettre le feu en la ville et de
occirre Ciceron et les autres meilleurs a destre 908
et a senestre."

    Entre ycelles choses, Maulius envoia
messaigiers a Fesselle, ou Quintus Maurius Roy
estoit de par le senat, si comme nous avons dit. 912
Et distrent les messaigiers: "Maulius vous mande,
ce sachiez de voir, que il ne ses compaignons ne
portent armes contre Romme ne pour faire mal a
nul homme, mais tant seulement pour leurs corps 916
deffendre, comme ceulx qui sont exilliez et
dechaciez, par autrui decheux,[37] et par cruaulté
de prevosts et d'usuriers avoient tout perdu,
neis la seurté et la franchise de leurs corps. 920
Nous avons veu aucune fois que on acquitoit
les debtes du menu peuple de l'avoir du commun;
nous avons veu que le peuple se departoit du
senat par courroux ou par armes ou par orgueil 924
ou par avoir aucune seignourie. Mais nous ne
querons de tout ce riens, nous ne vous requerons
que nostre franchise desfendre, que nul preudoms
ne pert voulentiers iusques au dessevrement de 928
l'ame. Or te requerons nous et toy et le senat
que tu nous conseilles. Ne faites pas tant
ne ne metez la chose a ce qu'il nous couviengne
combatre pour nostre sang deffendre." A ce 932

---

[36]V₃: Lentulus.

[37]V₃: detes.

respondy Quintus Marius Roy et dist: "Se ilz
veullent riens requerir au senat, mettent jus les
armes et aillent a Romme simplement, car la
doulceur et la pitié du senat aide tousiours   936
au peuple rommain." Maulius ne les siens ne
firent de ce riens.

     Cateline meisme, quant il fu yssu de Romme,
envoioit lectres arriere au senat et aux plus   940
haulx et leur disoit: "Seigneurs, mes ennemis
m'ont accusé a tort et mis sus crisme et blasme,
et pour ce me suy habandonné a fortune. A
Marceille m'en vois en exil, non pour ce que   944
je me sente coulpable, mais ne vueil pas que
le commun soit desbareté pour moi."

     Tout yce estoit guille, car Quintus Catulus
leut unes autres lectres au senat, que Cateline   948
lui envoioit en ceste fourme: "Luce Cateline
salut. Je me fie moult en toy, car je t'ay
moult esprouvé en mes besoings. Je n'ay pas
ceste besoingne emprinse pour moy seulement, mais   952
pour les autres chetiz a qui je ne sçay faillir.
Ce n'est pour autrui monnoie que ie doie, car ie
ne doy riens qui bien voulentiers ne peust estre
paié de mes possessions. Horestile ma femme   956
meisme m'aquictast bien ou du sien ou de sa
fille. Mais ce m'a esmeu que ie veoie en pouoir
ceulx qui n'en sont pas dignes, et me gettoit on
arriere par fausse souspeçon. Or te commant ie   960
Aurele Horestele ma femme que tu la gardes et
desfendes a Dieu foy et a la toue."

     Un pou de jours apres ce que ces lectres
furent leues, Cateline s'en ala en l'ost que   964
Maulius avoit, pour commander comme sire et
comme emperieres; et avoit ses bannieres et ses

enseignes arrieres, car ainçois avoit il un pou
demouré es champs de Ratine pour appareillement   968
d'armes. Quant les senatz oyrent ce, si jugerent
tous que Maulius et Kateline fussent tenuz pour
ennemis et pour traitres du commun. Aux autres
establirent jour que, se eulx dedens ce jour ne   972
guerpissoient les armes, ilz feussent ensement
jugiez comme ennemis. Et fu commandé que
Ciceron gardast la ville. Anthoine son compaignon
ala hastivement a ost contre Cateline.   976

L'encerchement de la coniuroison Cateline

Merveille fu, ce disoit Salustes, que nul
de toute la coniuroison Cateline ne vint pour
nommer ne pour descouvrir la chose, comme le
jugement du senat eust si grant chose promise   980
comme franchise au serf et quictier au fourfait
et autres dons assez. Mais ce faisoit le grant
desir que chascun avoit de la meslee commancier
pour gaignier.   984
    Des autres, qui jurez n'estoient pas,
alerent avec Cateline au commencement: Filius,[38]
le filz au senateur, fu ramenez du chemin ou il
aloit a Cateline, si que son pere meisme le fist   988
tantost occirre, Lentulus, qui a Romme estoit
remes par le conseil Cateline en la court, et
uns et autres, et privez et estranges, dont il
se cuidoit aidier.   992
    En ce temps avoit messaigiers de France a
Romme. Lentulus, qui sçot bien que François
estoient batailleurs par nature, pensa qu'il les

---

[38]V_3: Fulvius.

pourroit traire a soy, espoir pour ce qu'il les 996
cuidoit encombrer de debtes; et envoia marchans
a eulx ou plaideoir de Romme. Le marchant ot
nom Umibrenus.[39] Cilz avoit esté es foires en
France et congnoissoit maint[s] riches hommes et 1000
estoit congneu de maint[s] lieux. Quant ce
Umibrenus vit les messages, il les salua et les
commança avant tout a enquerir que il leur
sembloit de l'estat de Romme, et fist chiere de 1004
doulent homme. "Seigneurs, dist il, pour Dieu,
que vous semble? A quoy cuidiez vous cest
affaire tourne? Comment cuidiez vous de cy
eschapper? Par Dieu, distrent les messagiers, 1008
les baillis de ceste ville nous semblent avers
et couvoiteux et de povre aide. Nous ne cuidons
ia venir a fin de ceste douleur se mort ne nous
y met." Quant Umibrenus oy ce, "Seigneurs, dist 1012
il, je vous enseigneray bien maniere comment
vous ystrez de cel peril, se vous voulez estre
hommes et prendre cuer." Quant ceulx oyrent ce,
si furent en grant esperance, et le commencerent 1016
a prier qu'il eust mercy d'eulx, comme de ceulx
qui estoient encombrez de debtes et ne se savoient
getter du peril qui estoit pesant a la cité, et
lui promistrent que nulle rien n'estoit si grief 1020
qu'ilz ne lui feissent pour leur delivrance.
Cil les mena tantost a la maison Decii Bruti,*
qui estoit pres d'illec. Sempronia estoit sa
femme, qui tout savoit ce conseil, si comme 1024
nous avons dit arriere. Brutus n'estoit pas a
l'ostel, ains estoit hors de Romme. Gabinius vint
a ce conseil, qui bien parlans estoit. Umibrenus

---

[39]V_3: Umbrenus.

ouvry aux messagiers la coniuroison, nomma   1028
les personnes et telz des riches hommes qui
riens n'en savoient, pour les messagiers mieulx
aviver. Puis se departirent quant les messagiers
orent leur aide acreantee.   1032

    Apres doubterent longuement les messagiers
de quelle partie ilz faisoient le mieulx a tenir.
La partie Cateline estoit encombree de debte,
ententive a baillier, car toute leur atente et   1036
leurs souldoiers gisoient en l'esperance de la
victoire. L'autre partie estoit comble d'avoir,
et avoit seur conseil et promectoit certain loier.
Pour ce se tindrent en la fin de celle partie,   1040
qui plus leur sembloit ferme. Lors appellerent
un vaillant homme, qui moult grant aide faisoit
a tout le commun et estoit moult amez. Quintus
Fabius Senga[40] avoit nom. Sainte Paule fu de son   1044
lignage. Toute celle chose lui fu dite, et il la
dist a Ciceron. Cyceron commanda aux messagiers
qu'ilz couvrissent cest affaire, alassent aux
autres coniurez, promeissent leur aide et   1048
feissent tant que fussent manifestez.

    Et adont Cateline avoit lors ses aides
hors de Romme en diverses parties appareilliez
a mal faire. Lentullus et les autres princes   1052
de la coniuroison estoient appareilliez a Romme
et avoient esgardez que, quant Cateline vendroit
pres de Romme atoute l'ost, Lucius Bestia, un
tribun, assembleroit concille (car gens pouoit   1056
assembler quiconque estoit tribun) et se
plaindroit de Ciceron et lui mettroit sus qu'il
faisoit les gens entremesler et bataillier. A

---

[40]V$_3$: Quintus Fabius Sanga.

ces enseignes, tous ceulx qui de coniuroison   1060
estoient, s'apareillerent. Le soir apres feroit
chascun endroit soy ce qu'il devoit faire.
Ainsi estoit la chose divisee que Statulius[41]
et Gabinius devoient bouter le feu en douze   1064
lieux par la cité, si que Ciceron et les autres
vaillans hommes peussent estre occis quoy que on
rentendroit a rescourre le feu. Categus[42] devoit
asseoir la porte de Cyceron et envahir lui et les   1068
siens. Et les autres estoient atirez aux autres
besoingnes; et les josnes hommes, dont il y avoit
grant masse et de hault lignage, devoient occirre
et peres et parens. Quant la ville seroit ainsi   1072
ferue de feu et de glaives, si s'en devoient
tous aler a force a Cateline. Entre ces consaulx,
Cathegus se complaignoit souvent de la peresce
de ses compaignons et disoit que leurs doubtances   1076
leur faisoit[43] le temps perdre, et que mestier
de fait estoit en telles besongnes, non pas
de parolles. "Se ie avoie, dist il, un pou
d'aide, je yroie assaillir la court, ne me   1080
chaudroit des autres." Et voirement Cathegus
estoit hardy et fier par nature, escervellé,
apers, legier et hastif, et moult heoit demeure
en toutes besongnes.   1084

Les messagiers bourgoingnons ou françois
(tout est un) envoierent Gabinun[44] aux coniurez
par le conseil Ciceron et requirent Lentulus,
Cathegus, Statilius et Cassius qu'ilz leur   1088

---

[41]V₃: Statilius.

[42]V₃: Cethegus.

[43]V₃: fesoient.

[44]V₃: Gabinium.

feissent seremens, et les seremens fussent seellez
pour estre mieulx creuz de leurs seaulx, si qu'ilz
les peussent porter aux citoiens et a Cateline
tous seellez, car autrement ne se vouloient   1092
ilz pas mesler de si grant chose. Ceulx, qui
nulle souspeçon n'y avoient, le firent voulentiers.
Cassius meismes y pendi son seel et dist qu'il
yroit a Cateline hastivement. Si fist il un   1096
petit avant que les messagiers deussent mouvoir.
Lors vint Lentullus,[45] si commanda que Multurius,*
un des coniurez, alast avec les messagiers quant
ilz yroient a Cateline, et portast unes lectres   1100
de par lui. Les lectres disoient: "Congnoistras
qui je suy par ce que ie t'envoie. Pense en
quelle chetiveté tu es. Soyes homs. Aide toy
de tous ceulx que tu pourras, et de haulx et de   1104
bas. Le senat t'a jugié comme ennemy: ne refuse
nulle aide ne de sers ne de frans. Nous sommes
tous prests; ne demeure pas que n'envaisse Romme."

    Les messagiers firent savoir a Ciceron   1108
comment Vulterius* vouloit aler avec eulx a
Cateline. Ciceron envoia deux pretors et assez
chevaliers armez coyement a un pont pour garder
la ou Vulterius et les messagiers devoient   1112
passer, pour eulx prendre. L'un des pretors
avoit nom Lucius Valerius Flactus,[46] l'autre
Gayus Protinus.* Quant ce vint au soir,
Vulterius et les messagiers vindrent au pont   1116
Milve (ainsi estoit le pont appellé) et
commencierent le pont a passer. Ceulx qui
estoient es agais s'escrierent moult hault.

---

[45]V3: Lentulus.
[46]V3: Lucius Valerius Flaccus.

60

Les François, qui bien savoient le conseil, se   1120
rendirent aux pretors. Vulterius se deffendi
grant piece a l'espee et apres leur crya mercy
et pria a Protinus, l'un des pretors, qu'il
lui sauvast son corps, car il le congnoissoit.   1124
Au derrenier se rendy aux pretors comme homme
se seult rendre a ses ennemis, car il doubtoit
que il ne fust illec occis.

Comment Ciceron se doubtoit d'aucuns des coniurez contre le commun de
Romme

Quant Ciceron sceut ce fait, il ot grant   1128
joye, car il vit bien que ores seroit la
coniuroison descouverte et la cité delivree
de peril. Mais d'autre part il estoit moult
angoisseux et doubtoit que il feroit, car il   1132
veoit que la couple[47] estoit grant, et qu'il y
avoit des plus grans citoiens. Il veoit que
leur dampnement lui pouoit tourner a grant
charge et a peril. Leur delivrance pouoit   1136
tourner au destruisement du commun. Au
derrenier afferma son courage et commanda que
Lentullus, Scalius,[48] Cabinius[49] et Cepariüs,[*] qui
devoient aler en Puille pour gens esmouvoir   1140
fussent prins; et lors que Lentullus oy la
nouvelle que Vulterius estoit prins, il yssi
de sa maison et s'en vouloit fuir. Les autres
vindrent tantost avant. Cyceron print Lentullus   1144
par la main, pour ce que pretor estoit, et le

---

[47]V₃: colpe.
[48]V₃: Statilius.
[49]V₃: Gabinius.

mena au senat; les autres commanda a garder en
la maison de Concorde. Assembla Cyceron les
senateurs et fist la amener a grant compaignie   1148
les chevaliers-messagiers françois. Vulterius
fu avec eulx. Lucius Valerius Flactus le pretor
apporta boites ou lectres estoient que les
messagiers avoient seellees des seaulx a ceulx   1152
qui mandez estoient illec, car Cyceron le
commanda.

    A Vulterius fu demandé ou il aloit quant
il fu pris, et des lectres qu'il portoit. Et   1156
premierement commença soy a faindre comme se il
ne sceust riens de la coniuroison. Apres, quant
il ot asseuré, il ouvry toute la chose et dist
que Ceperius et Gabinius l'avoient appellé a   1160
cel affaire n'avoit gaires, ne plus n'en sçavoit
que les François, ne mais que Gabinius lui avoit
dit maintes foiz que Lucius Antronius* et Publius
Silla* et Lucius Vargunteus et moult d'autres   1164
estoient de celle coniuroison. Yce meisme
gehirent les chevaliers françois. Lentulus, qui
aloit illec faingnant, fu ataint par les lectres
ou son seel pendoit, par les parolles que il   1168
souloit dire; car il estoit d'un hault lignage
que on clamoit Cornillois. Sebile avoit escript
en ses livres que les Cornillois seroient encore
seigneurs de Romme. Avec tout ce le Capitole   1172
avoit esté arc[50] .xx. ans avoit; les divineurs
avoient dit maintes fois que le Capitolle seroit
ensanglanté du sang aux citoiens que l'un
espandroit de l'autre ou xxvj[e] an apres qu'il   1176
avoit esté ars. Les lectres furent leues, les

---

[50]V₃: ars.

seaulx montrez. Chascun ne pouoit son seel
nyer. Toutes ces choses les convainquirent.
Les senateurs jugerent que Lentulus, qui pretor   1180
estoit, fust mis hors de sa baillie et fussent il
et les autres en France gardez iusques sentence
fust donnee. (Franche garde est quant on puet
aler ça et la sans fers et sans buies, atout   1184
sergens qui les gardent.) Spinterius,* un edile,
garda Lentullum; Quintus Cornificius garda
Cathegun; Julius Cesar garda Statiliun;
<Terencius,* un senateur, garda Gabiniun>;   1188
Marcus Crassus garda Gabiniun; Terencius, un
senateur, garda Cepariun, qui fu retourné de la
ou il s'enfuioit.

  Lors vint le peuple qui avant que la   1192
coniuroison fust descouverte estoit couvoiteux
de meslee mouvoir, si changa son courage et
commença a maudire et a excommenier les consaulz
Cateline, et lever aux nues Cyceron de parolles,   1196
faire joyes aussi comme s'il fust yssu de servage.
Bien s'apparcevoient que la baillie et l'arson
de la cité ne pouoit apporter fors descroissement
de la joye et de l'aise que chascun avoit aprise.   1200
  L'endemain fu Lucius Tarquinius amené au
senat. Cilz fu pris au chemin comme il aloit a
Cateline et dist que se les senats l'asseuroient,
il diroit verité de la coniuroison. Quant le   1204
consul ot commandé qu'il deist, il dist ce meismes
que Vulterius avoit dit de la ville [ardoir], de
occirre les preudommes, comment les coniurez
estoient alez, et dist que Marcus Crassus   1208
l'envoioit a Cateline pour dire qu'il ne fust pas
espoventé de ce que Lentulus et Cathegus estoient
prins, mais hardiement venist avant, si que les

coniurez fussent plus asseurez et les prisonniers 1212
plus tost delivrez. Au plus tost que Crassus fu
nommez, qui noble homs estoit, riche et de grant
pouoir, les uns ne le creurent pas, les autres
le creurent bien. Mais pour ce que la force 1216
de si grant homme faisoit plus a apaisier que a
commouvoir en tel peril, et telz y avoit assez
qui lors estoient liez de debtes envers lui, sy
s'escrierent que Tarquinius disoit faulx et en 1220
demanderent le jugement du senat. Le senat juga
lors par le conseil Cyceron que Tarquinius avoit
dit faulx et seroit en prison tant qu'il avroit
desnommé Marcus Crassus. Les uns disoient que 1224
Publius Antonius[51] lui avoit [fait] nommer, pour
ce que les autres fussent plus legierement
delivres se si puissant homme fust de leur
compaignie. Les autres cuidoient que Cyceron 1228
l'eust fait faire, pour ce que Crassus en fust
espoventé, si que il ne s'entremeist pas d'aidier
aux malfaicteurs; car Crassus avoit acoustumé de
aidier et de maintenir telz gens. Salustes dist 1232
qu'il oy puis que Crassus disoit que tout ce lui
avoit fait Cyceron.

    Quintus Catullus[52] et Piso ne porent tant
faire ne par amour ne par priere ne par promettre 1236
que Cyceron feist faulsement nommer Julius Cesar
ou par les François ou par les autres accuseurs,
car l'un et l'autre de ces deux le heoit griefment.
Quintus Catulus le heoit pour ce que Julius, qui 1240
varles estoit, avoit esté vesques, et cilz, qui
ainçois y estoit, ne le pot estre, ains fu

---

[51]V₃: Publius Autronius.
[52]V₃: Quintus Catulus.

refusé pour Julius Cesar qui de riens ne s'en
estoit endebtez pour grans dons qu'il en avoit   1244
fait. Piso le heoit pour un iugement que Julius
avoit donné contre lui. Piso avoit batu un sien
debteur et Julius donna sentence que pour ce
devoit perdre Piso sa debte. Mais puis qu'ilz ne   1248
porent le consul a ce mener que Julius Cesar fust
nommé, si comme dist Saluste, ilz aloient a
chascun et disoient que Vulterius et les
François l'avoient nommez, et aguisoient tous   1252
ceulx qu'ilz pouoient contre Cesar, et lui
murent telle envie que les chevaliers armez qui
gaitoient entour la maison de Concorde trayrent
leurs espees sur lui une heure qu'il yssi du   1256
senat et le menacerent a occirre pour monstre[r]
quelle amour ilz avoient vers eulx.

    Entre ces parolles, que le senat esgardoit
quel loier estoit a rendre aux François et a   1260
Vultere, qui la coniuroison avoient descouverte,
les sers et les sergens Lentulus aloient par les
rues et semonnoient menteurs et garçons qu'ilz
alassent et chaçassent a force Lentuliun[53] hors   1264
de prison, qui estoit leur sire. Cathegus prioit
sa mesgnie et ses sers, qui fors et hardis
estoient, par messages qu'ilz venissent ensemble
armez de dars [et] d'espees iusques a lui pour   1268
soy delivrer.

    Comment Julius Cesar parla pour ceulx de la coniuroison

    Cyceron, quant il sceut ce, si envoia
chevaliers pour garder et pour deffendre que

---

[53]V$_3$: Lentulun.

ce ne peust estre fait, et appella tous les   1272
senatz pour iugier que l'en feroit des
prisonniers. Un pou avant avoit ja le senat
dit qu'ilz avoient fait contre le commun par
quoy ilz devoient estre dampnez. Decius   1276
Sillanus,* un noble senateur qui estoit nommé
et esleu a estre consul l'an apres, dist premier
sa sentence par le commandement Cyceron. Cil
dist que les prisonniers devoient estre   1280
tourmentez et livrez a mort, et dist que, se
Publius Furius et Lucius Cassius et Publius Umbrenus
et Quintus Antonius* pouoient estre prins, que
on en feist autretel, tant que Cyceron demanda   1284
a Julius Cesar sentence. Julius se leva et
dist: "Seigneurs par escript doivent conseil
donner des choses doubteuses ne ne doivent
regarder a yre ne a hayne ne a amour ne a pitié,   1288
car ces quatre choses peuent faire homme laissier
la voie de droiture et desvoier de droit. Sens
ne vault riens la ou homme va du tout sur sa
voulenté. Je pourroie nommer assez princes qui   1292
droite voye laissierent a tenir pour ce que yre
les avoit seurprins ou pitié sans raison. Mais
ie vueil mieulx parler de ce que les sages
hommes anciens de ceste cité ont fait aucune   1296
foiz quant ilz laissoient la voulenté de leurs
cuers et tenoient ce que bon ordre enseignoit
et qui tournoit au commun prouffit. La cité
de Rodes se tint contre nous a la bataille que   1300
nous eusmes contre Persé le roy de Macedoine.
Quant la bataille fu finee, les senatz et les
consules iugerent que ceulx de Rodes ne fussent
pas destruis, pour ce que nul ne deist que   1304
couvoitise pour leur richesce les feist

destruire plus que l'achoison de leur tort.
Ceulx de Cartage nous forfirent souvent jadis
es guerres que nous eusmes encontre ceulx 1308
d'Auffrique, et brisierent trieves et paix. Et
nonpourquant noz maistres ne regarderent pas
ce qu'ilz pouoient faire d'eulx, car ilz les
peussent bien destruire, ains les retint 1312
doulceur et debonnaireté. Ce meisme devons
nous pourveoir, seigneurs peres, que la felonnie
et le forfait de ceulx qui sont pris ne seurmonte
nostre dignité et nostre doulceur. Plus y 1316
devons garder nostre bonne renommee que nostre
courrous. Ceulx qui ont avant moy sentence
donnee ont assez bellement monstré ce que puet
de mal avenir par leur coniuroison: cruaulté 1320
de bataille, prendre pucelles a force, arrachier
les enfans des bras aux peres et aux meres, faire
force et honte aux dames, despouillier temples
et maisons, occirre, ardoir et emplir la cité de 1324
charoignes, de sang et de pleurs. De ce ne
convient il ja parler, car plus puet
mouvoir le cuer la cruaulté de celle ravire que
le retour du ventre.[54] Nul n'est a qui il ne 1328
grieve de son dommage. Telz y a qui le portent
plus grief que mestier n'est. Mais ilz loent a
un ce qu'ilz ne loent pas a un autre. Se ie suy
un bas homs et ie mespren a aucune chose pour mon 1332
courroux, pou le savront; mais tuit scevent ce que
un grant homs mesprent. Ou l'en tourne a yre le
forfait de lui ou l'en le tourne a orgueil.
Pour ce devons nous garder nostre renommee. Je 1336
dy bien endroit moy que le forfait aux coniurez

---

[54]V₃: li recorz de l'uevre.

seurmonte toute paine; mais quant on tourmente
aucun homme, se le tourment est aucques apert,
telz y a qui bien scevent blasmer le tourment, et 1340
du meffait ne tiennent nulle parolle. Je croy bien
que Decius Sillanus a dit ce qu'il a dit pour le
bien du commun, et qu'il n'y regarde ne amour ne
hayne; tant congnoy ie ses meurs et son 1344
attrempance. Ne sa sentence ne m'est pas cruelle,
car on ne pourroit faire nulle cruaulté en telles
gens. Mais toutes voies dy ie que sa sentence
n'est pas convenable a nostre commun. Pour quoy? 1348
Sillanus est fort homs, et noble et esleu a
consule, et les a jugiez a mort pour paour des
maulx qui en pourroient avenir qui les lairoit
vivre. Paour n'a point cy de lieu, car Cyceron 1352
nostre consule est si discrez et si garny d'armes
et de chevaliers que nous ne devons rien doubter.
De la paine diray ie: se on les occist, mort
n'est pas tourment, ains est fin de repos et de 1356
chetiveté. Mort consomme toutes paines terriennes;
apres la mort, ne oeuvre ne joue. Pour quoy
donc ne dit Sillanus au moins que on les batist
et tourmentast tout avant? Se aucune loy deffent 1360
que honte ne fust a homme iugier a mort, aucunes
loys redient que on n'occie pas citoien dampné,
ains l'envoioit on en exil a tousiours. Seigneurs
peres escripz, gardez que vous ne faiciez en ce 1364
fait telle chose pour bien, dont mal viengne
apres. Quant les Lacedemoniens orent prins
Athenes, ilz establirent xxx. hommes qui estoient
maistres du commun. Ceulx occioient au 1368
commencement chascun desloyal homme, tout sans
iugement. Le peuple en estoit liez et disoit
que bien faisoient. Apres creut la coustume et

la licence petit a petit, si qu'ilz occioient 1372
bons et mauvais a leur voulenté, tant que li
autres en estoient espoventez. Et fu la cité en
tel servage que bien se apperceurent que leur
joye revertissoit a pleurs. Luce Silla refu 1376
moult louez de ce que il occist Damasippe et
autres qui avoient esté contre le commun de
Romme. Mais celle chose fu commencement de
grant mal, car apres, si comme chascun 1380
couvoitoit la maison, la ville, le vaissel, la
robe d'autruy, il se penoit de dampner cellui
cuy chose il vouloit avoir, et estoient maint
hommes dampnez pour leur avoir. Ainsi faitement 1384
ceulx qui liez furent de la mort Damasippe et
des autres en furent puis courrouciez, car
Silla ne fina en ceste maniere d'occirre
iusques atant que les chevaliers furent tous 1388
plains d'avoir. Nonpourquant de telle chose n'ay
ie doubte en cest temps, mesmement tant comme
Marcus Tullius Cyceron est consule. Mais en si
grant cité a maint divers hommes et plains d'engin. 1392
Ou temps d'un autre consule pourroit aucun
mettre avant faulx pour voir, et le consule
occioit lors par le decret du senat homme
encoulpé a tort. Dont n'en pourroit mal venir? 1396
Ceulx qui furent avant nous orent sens et
hardement. Orgueil ne leur tolli pas qu'ilz
ne preissent bien exemple de raison es estranges.
Quant ilz trouvoient loing en leurs ennemis 1400
aucune bonne tache, ilz la savoient bien mettre
a oeuvre en leurs hostelz. Mieulx amoient suir
le bien que avoir envie. Il fustoient les
citoiens forfais a la guise de Grece. Quant les 1404

maulx commencerent a monter, lors[55] furent donnez
que les dampnez alassent en exil. Pour quoy
doncques prendrions nous conseil nouvel? Ainsi
le firent noz ancesseurs; et greigneur vertu et   1408
sapience ot plus en eulx que en nous, car ilz
estoient pou, et si conquistrent a pou de
richeces ce que nous ne pouons a paine refenser,
retenir et garder. Que ferons nous doncques?   1412
Lairons nous ces prisonniers aler pour acroistre
l'ost Cateline? Nennil. Ains est ma sentence
que leur avoir soit publié et mis en avant, leurs
corps soient mis en diverses prisons hors de Romme   1416
en forteresces bien garnies. Ne ne parolle ie
pas pour eulx au senat et au peuple; car qui
le fera soit mis en prison comme un d'eulx."

Comment Cathon parle contre le iugement Julius Cesar

Puis que Cesar ot ainsi parlé, les uns   1420
disoient un et les autres disoient autre. Mais
Marcus Cathon se leva par le commandement Cyceron
pour dire sa sentence et parla ainsy: "Seigneur
pere escript, quant ie regarde la coniuroison et   1424
le peril qui en puet sourdre, je contrepoise en
moy meisme la sentence d'un chascun qui a parlé.
Je pense tout autre chose que Cesar n'a dit ne
que aucun des autres. Ilz ont parlé tant   1428
seulement de la paine des coniurez qui ont
appareillié bataille a leurs pays, a leurs
parens, a leurs temples, et a leurs maisons
destruire; mais greigneur mestier est que on se   1432
conseille comment on se pourra garder d'eulx et

---

[55]V₃: lois.

de perillier,[56] que de prendre conseil comment
ilz soient livrez a paine et dampnez. Se on ne
se pourvoit que ce peril n'aviengne, pour neant   1436
yroit on a conseil quant il sera avenu. Se la
cité est prinse a force, les vaincus n'y ont
riens d'atente: tout sera clamé. Or parleray a
vous qui bien entendez raison et a avoir maisons,   1440
villes, enseignes et tables d'or plus que au
preu du commun. Se vous ces choses que vous
amez tant voulez garder et retenir et voulez
maintenir voz delis par ordure et par repos,   1444
esveilliez vous et pensez du commun garantir.
Se le commun perist, comment eschapperez vous?
Ceste besongne n'est pas du tout meue ne de
paage ne de querir l'aide des compaignons, ains   1448
est de nostre franchise deffendre et de noz
corps qui sont en perilz. Seigneurs, j'ay
maintes foys parlé et moy complaint par devant
vous de la luxure, de l'avarice et de la   1452
couvoitise de noz citoiens, dont j'ay la male
voulenté d'aucuns, car ie ne pardonnoie pas
legierement a autrui le meffait dont ie ne
sentoie nulle tache en moy, et de nul forfait   1456
pardonner je ne queroye autrui grace avoir.
Se il nous chailloit de ce et nostre richece
nous fasoit aucune chose mettre a non chaloir,
toutes voies estoit le commun en droit estat   1460
et plus fort querre.[57] Mais cy endroit ne
parlons nous pas de nostre bien vivre ou de
nostre mal vivre, ne de la seigneurie aux
Rommains acroistre et exaussier, ains nous   1464

---

[56]V3: peril.
[57]V3: que ore.

couvient esioir se ce que nous avons nous
puet remanoir et estre nostre, ou a noz amis.
Sy ne doit nul parler de debonnaireté ne de
misericorde; nous avons pieça perdu les drois   1468
noms de pitié et de mercy, car donner a autrui
biens ce n'est pas debonnaireté, et estre osez
de mal faire, c'est nostre vertu. Pour ce va
nostre commun aussi comme a declin. Or pouez   1472
estre piteux a ceulx qui riens ne vous cuident
laissier et cuident les communs tresors rober.
Donnez leur nostre sang, si que tous les
preudommes aillent a perdicion; et en ce que   1476
vous espargnerez un pou de malfaiteurs, si
destruirez une grant tourbe de bonne gent.
Cesar a parlé bel et faiticement oyans nous
de la vie et de la mort, quant il dist apres la   1480
mort ne cure ne joye; mais quant il parla ainsi,
je cuide qu'il tient a faulx ce que on treuve de
ceulx d'enfer (les mauvais sont dessevrez des
bons et entrent en noirs lieux et en horribles,   1484
lais, puans et espoventables). Apres il iuga
que leurs avoirs fussent publiez et ilz fussent
gardez en prisons en diverses forteresces hors de
Romme. Doubtoit il que, se on les gardast a   1488
Romme, que ceulx de la coniuroison ou autres gens
les gettassent a force de prison? N'a y males
gens se en ceste cité non? Partout puet on
trouvez[58] mauvais hommes. De neant se craint   1492
Cesar se il craint qu'il ne puist garder ceulx en
Romme aussi bien comme dehors. Et il seul n'a
pas paour qu'ilz eschappassent de ces prisons
en quelque lieu que on les mette; et se il seul   1496

---

[58]V₃: trover.

ne craint pas le peril du commun, ie suy qui ay
paour et de moy et de vous et des autres. Pour
ce vous devez savoir que ce que vous jugerez de
ces prisonniers si doit estre jugié de toute la   1500
compaignie Cateline. Se vous faites de ceulx
aspre iustice, tous ceulx de l'ost Cateline en
seront espoventez; se vous la faites foiblement
et molement, vous les verrez venir cruelz et   1504
fiers contre nous. Ne cuidiez pas que noz
ancesseurs aient acreue la seignourie du commun
tant seulement par armes; car, se la chose alast
ainsi, dont la puissions nous tenir a meilleur,   1508
qui plus avons ores compaignons et citoiens et
greigneur habondance de chevaulx et d'armes
qu'ilz n'orent. Mais ilz ont eu autres choses
par quoy ilz furent de renom et de grant pris,   1512
et ces choses ne sont gaires en nous. Ilz
estoient en leurs hostelz sages et avisez; ilz
donnoient droituriers commandemens a ceulx
dehors; leurs cuers avoient frans, espars et   1516
delivres a donner conseil, sans subgeccion de
pechié que ilz creussent ne sans suivre mavaise
voulenté. En lieu de ce, on puet trouver en
nous luxure, avarice, commune peresce, privee   1520
richece; nous louons les richesces, nous suivons
les peresces; nous ne faisons nul dessevrement
des bons ne des mauvais; tout est tourné a
couvoitise. C'est le loyer de vertu. Et ce   1524
n'est pas de merveille, comme chascun tient sa
voie et son conseil par soy meismes. Vous servez
hostelz a voz delis et entendez a voz vouléntez
suir; fors de voz hostelz, servez ou a avoir   1528
amasser ou a grace d'autrui conquerir. De ce
avient que on guerroie le commun, et le veullent

destruire les coniurez. Mais de ces choses que
veez en telle maniere ne diray ore plus. Nobles   1532
citoiens ont ensemble jurez qu'ilz ardront la
ville, et attraient a eulx pour mouvoir bataille
la gent de France, qui pas n'aiment la seignourie
ne le nom de Romme; Cateline, le duc de noz   1536
ennemis, nous vient sur les testes atout son
effort. Demourez donc, et doubtez que vous devez
faire de voz ennemis que vous avez prins dedens
ces murs? Or soit iugié que vous en aiez mercy;   1540
dites que josnes hommes sont, et que par folie
et mauvaise couvoitise l'ont fait, et les
laissiez aler tous armez. Mais certes ie crain
que ceste doulceur et ceste pitié ne nous tourne   1544
a mise[re]. La chose est aspre et perilleuse.
N'en avez vous cremeur? Mais la peresce, la
vilté, la mauvaistié de noz cuers fait l'un de
nous atendre a l'autre. Vous metez vostre fiance   1548
en voz dieux et dites qu'ilz ont le commun gardé
et delivré des mains de ses ennemis et de maint
perilz. L'aide de Dieu ne vient pas a la
voulenté de ceulx qui veulent vivre comme femmes;   1552
mais toutes choses viennent a ceulx qui veulent
veillier en bien faire et a donner bon conseil.
Pour neant appelle Dieu qui se habandonne a
peresce et a mauvaistié. Maulius Torquatus,[59] un   1556
de noz anciens ducs, commanda a occirre son
filz pour ce tant seulement qu'il envoia en une
des batailles de France ses ennemis contre son
commandement (pour tel forfait moru ce josne   1560
noble jouvenceaux). Vous demourez a faire
iustice de ces crueulx qui veulent la cité

---

[59]V₃: Manlius Torquatus.

destruire? Le laissiez vous pour leur bonne
vie? Ne muire pas Lentulus pour la dignité de   1564
son lignage, se il ama oncques chasteé, se il
ama oncques bonne renommee, se il ama oncques
Dieu, se il espargna oncques homme! Ne muire
pas <se> Cathegus, ait on pitié de sa jouvente,   1568
s'il ne mut oncques mais noise ne bataille en ce
pays! Gabinius et Statilius et Ceparius, quelz
sont ilz? Que on doie dire? Se ilz eussent
oncques en eulx eu raison ne mesure, ilz n'eussent   1572
tel conseil prins contre le commun. Au derrenier
vous dy, seigneurs peres, par Dieu, se nulz en
laist eschapper, ie vous laissasse bien convenir
et souffrisse bien que vous fussiez chastiez par   1576
leur oultrage, quant bon conseil ne voulez croire.
Mais pour ce vous dy, que nous sommes enclos de
toutes pars et en peril. Cateline atout son ost
nous est a l'oeil la dehors et nous cuide   1580
engloutir. Les autres sont emmy celle ville
partout. Nous ne pouons riens appareillier ne
conseillier que noz ennemis ne sachent. Dont
nous nous devons plus haster. Pour ce diray   1584
ie ytelle sentence. Voirs est que le commun est en
peril par le maudit des citoiens excommeniez
et desloyaux. Ceulx ont regné et sont convaincus,
par le dit des messaigiers de France et de Tyce   1588
Vultier, qu'ilz vouloient la ville ardoir,
occirre les meilleurs, le pays destruire,
dames et pucelles honnir et autres cruaultez
faire. Pour ce donne ie sentence et jugement   1592
que on doit faire d'eulx comme de traiteurs et
d'omicides atains."

Comment plusieurs du conseil s'acorderent au jugement Cathon

Tantost que Cathon ot ainsi parlé, s'assist.
Tout le conseil et la greigneur partie des   1596
senateurs loerent son jugement et le leverent
par parolles iusques aux nues et la vertu de son
courage et la vaillantise. Les uns blasmoient
l'autre; les autres le clamoient paoureux et   1600
couart. De Cathon disoient que moult estoit
preux et vaillant et de cler sens et de
convenable vie. Jugement fu donné du senat que
on se remeist a sa sentence, car la greigneur   1604
partie des sages hommes s'i accordent. Aucuns
voirement s'estoient accordez a la sentence
Julius Cesar; le frere meisme[60] si tenoit. Et
Decius Sillanus, qui la premiere sentence avoit   1608
donnee, la rappellast voulentiers, s'il osast,
de honte, quant Cesar ot parlé. Toutes voies
se tint on au plus bon conseil.
        Yci endroit parolle Saluste de la vertu   1612
de Julius Cesar et de Cathon et de leur valeur,
et commence ainsi: Je ay moult leu et ay moult
oy de chevaleries de Romme, des prouesces que
les Rommains ont faites en terre et en mer, et   1616
me suy pourpensé maintes foiz dont ce pouoit
avenir. Je savoie que un pou de gent rommaine
s'estoit combatue plusieurs fois a une grant
legion de ses ennemis, et que noz ancesseurs   1620
avoient seurmontez a petit de richesces maint[s]
riches roys comblés, et maintes fortunes
exaussiez; et bien sçay que les Grecs orent

---

[60]V₃: meismes Cyceron.

le pris de sens et de faconde, et les François 1624
la gloire de la bataille ainçois que les
Rommains. En toutes ces choses je voy et congnois
que la noble vertu et le cler sens d'un pou de
citoiens faisoit toutes ces prouesces, par 1628
quoy nous avons eue la victoire de plusieurs.
Mais puis que la cité de Romme commença a
corrumpre par luxure et par la paresce des
aucuns, il convint petit a petit que le commun 1632
soustenist les vices de son maistre, qui
commença a aler maintes fois par empirant; si
que moult de foys avint que on tenoit a paine
un vaillant homme en la cité de Romme, autressi 1636
comme se la cité en fust fustee ne n'en peusmes
getter un preudomme. Mais en mon temps juge
deux hommes de grant valeur et de grant vertu:
li un fu Marcus Cathon et li autre Julius Cesar. 1640
Ceulx furent vaillans hommes; mais de diverses
meurs estoient. Je vueil yci parler de leur
nature et de leurs meurs, tant comme je en peu
congnoistre. 1644

*Cy parle de la noblesce et des meurs de Cesar et de Cathon et de la mort de
plusieurs traitres contre le commun de Romme*

Marcus Catho* et Julius Cesar furent egaulx
en plusieurs lieux de choses, si comme en lignage,
car li un fu d'aussi bonnes gens come li autre, en
aage, en eloquence de bien parler, en fierté, en 1648
hardiesce de cuer--en ces choses estoient pres
que egalx. Le renom et la gloire de l'un estoit
autretel comme l'autre; mais ilz entendoient
diversement: Cesar estoit de grant renom par 1652
bontez et par dons, comme cil qui largement

despendoit; Caton estoit renommé par netteté
et par memoire de vie. Julius Cesar estoit
debonnaire, piteux et misericors; Marcus Catho   1656
estoit aspre, fier et roide en droiture garder
et en iustice maintenir. Cesar conquist gloire
par donner, par aidier, par meffait quicter;
Cathon conquist gloire sans riens donner. Jule   1660
Cesar estoit refuge aux chaitifs; Marcus Cathon
estoit destruccion aux mauvais. Jule Cesar
estoit legier et mouvant a faire moult de
prouesces; Marcus Catho estoit fiers et estable   1664
en droiturieres oeuvres. Julius Cesar avoit en
courage travaillier et veillier es besoingnes
a ses amis et les siennes besoingnes en non
chaloir mettre; n'escondisoit riens qui feist   1668
a donner. Il couvoitoit grant baillie, grant
ost, nouvelles batailles, ou sa vertu et sa
gloire peust apparoir et esclarcir. Marcus
Catho s'estudioit en mesure<s>, en honneur,   1672
en verité et en loyauté maintenir; ne se flechist
vers le tort pour nul loier, ne pour amour ne
pour hayne; n'avoit cure d'estriver contre riche
homme par richesce, contre tricheur par tricherie,   1676
ains mettoit vertu contre vertu, vergoingne avec
mesure, abstinence avec innocence; mieulx
vouloit estre preudoms que le sembler; et pour
ce que moins couvoitoit pris, loenge et gloire,   1680
plus en avoit.
    Apres revient Salustes a sa matiere et dist:
Quant le senat se fu concordé au iugement Caton
et il se fu parti de court, Cyceron ne mist pas   1684
en delay, n'atendy pas la nuit, que nouveau
conseil n'empeschast la besoingne, ains appella
chevaliers bien armez pour conduire Lentuliun

iusques a la chartre. Il mesme y ala. Les   1688
pretors menerent les autres. La chartre estoit
en un lieu a senestre que on clamoit Tuliem*
.xij. piez de parfont en terre mesurez, et
votee de cyment et de quarraux tailliez. Ce   1692
lieu estoit obscurs, lays et espoventable.
Quant Lentulus fu illec avalez, les bediaux
furent appareilliez, qui lui rompirent le
goiteron a un las. Ainsi faitement moru   1696
Lentulus, qui avoit esté patrice et consule et
pretor de Romme, et des Cornillois, et si ot tel
fin de la vie dont il avoit esté. Cathegus,
Statilius, Gabinius et Ceparius morurent en   1700
ceste meisme maniere.

Comment Cateline fu enclos de ses ennemis quant il cuida passer les mons

Endementiers que on faisoit a Romme iustice,
Cateline ordonna deux legions de sa gent et de la
gent que Maulius avoit. En chascune legion avoit   1704
plus de vj^m hommes; et si n'en avoit pas eu plus
de deux mil au commencement. La quarte partie de
sa gent furent bien armez comme chevaliers; les
autres ne avoient qu'espees, que lances, que   1708
pieux agus, selon ce que chascun s'estoit pourveu.
Quant Cateline senti que Antonius venoit a ost
contre lui, il se mist es montaignes et aloit
une foys vers la cité, autre fois s'en tournoit   1712
vers France, ne ne faisoit nul semblant de
combatre a ses ennemis, car il atendoit avoir
grant secours de gens, se ceulx qu'il avoit
laissié a Romme pouoient faire leur pourpensement.   1716
Ne Cateline ne vouloit a soy recevoir nulz serfs,
dont il en estoit assez venuz en s'aide au

commencement--honte lui sembloit d'abandonner
les citoiens de Romme a serfs fuitifz.   1720

    Mais quant il oy la nouvelle de la mort
de ses compaignons et que la coniuroison estoit
descouverte, plusieurs de ceulx qui a lui se
tenoient pour ravir et pour gaignier tournerent   1724
en fuie. Cateline et ceulx qui avec lui estoient
remez se mistrent a la voye par montaignes et
par roches, tant qu'ilz vindrent de lez Pistore,
et appareillerent comment ilz s'en fuiroient en   1728
France oultre les mons par repostz sentiers.
Mais Quintus Metellus,[61] qui a tout trois legions
estoit logié illec pres, quant il oy parler de
ceulx qui s'enfuioient et que Cateline s'en aloit   1732
ainsi, il descendi ses paveillons et se mist
apres, et se loga au pié des mons par ou Cateline
s'en devoit fuir en France. Antonius ne restoit
gaires loing, ains estoit appareillié atout sa   1736
gent de suir ceulx qui s'enfuioient. Cateline,
quant il vit soy et sa gent enclos de haultes
roches et de ses ennemis, et qu'il ne pouoit
guenchir ne fuir, si establi de mettre a   1740
l'aventure de bataille et pensa combatre soy
avant a Antonius, car il doubtoit plus Quintum
Metallun.[62] Lors commença sa gent a conforter
et leur dist: 1744

    "Seigneurs chevaliers, j'ay assez espreuvé
que parolles ne donnent pas vertu aux hommes, ne
parolle du seigneur tant seulement ne fait
preudomme du peresceux, ne fort et hardi du   1748
paeureux; mais tant de hardement comme chascun

---

[61]V₃: Quintus Metellus Celer.
[62]V₃: Quintum Metellun.

a de nature et de bonnes meurs, ytant en pare
en bataille. Riens ne fait homme hardi, se
gloire non et cremeur de peril; couardie de cuer   1752
nust aux oreilles de plusieurs. Mais je parleray
a vous un petit toutes voies et vous diray mon
conseil. Vous savez bien, seigneurs chevaliers,
comment Lentulus nous a mal bailliez par sa   1756
peresce et par sa demeure, si que il meismes
est mort. Vous veez bien en quel peril nous
sommes. Cy a deux osts de noz ennemis: l'une
vient contre nous par devers France et l'autre   1760
par devers Romme. Se nous voulons en ces roches
longuement demourer, nous ne pouons, car il n'y
a ne viande ne blé. Aux espees et aux lances
nous couvient faire voie. Pour ce vous requier   1764
que vous soiez preux et hardis de courage.
Quant vous entrerez en bataille, membre vous
que toutes noz richesces, nostre honneur, nostre
gloire, nostre franchise gisent en noz mains   1768
destres. Se vous vainquez, vous estes seurs
partout: assez trouverez villes et repaires.
Se vous fuiez, vous trouverez partout ennemis.
Se noz armes ne nous desfendent, ne lieux ne   1772
amis ne nous desfendront. Enseurquetout, nous
et noz ennemis ne devons pas estre pareilz en
ceste bataille: nous avons meilleur cause
qu'ilz n'ont, car nous nous combatrons pour   1776
nostre paix, pour nostre franchise et pour
nostre vie garantir; ilz se combatent pour
deffendre le pouoir a un pou de riches hommes
qui tous les autres veulent fouler. Pour ce,   1780
requerez les vertueusement. Les uns de vous
peuent bien vivre hors de Romme en exil, les
autres peuent demourer a Romme, povres et

esnuez de leurs biens, et atendre autrui 1784
richesces. Mais pour ce que laide chose vous
sembloit, me voulsistes mieulx sieuir pour
franchise conquerre. Or couvient donc que vous
soiez hardis. Nul ne change bataille a paix se 1788
il ne vaint. Qui gette les armes donc il doit
son corps desfendre, mauvaise sauveté puet avoir
en son fouir. En bataille sont en peril ceulx
qui paoureux sont; hardement est de meurs et de 1792
fermetez. Et j'ay grant esperance en la
victoire, seigneurs chevaliers, quant il me
membre de vous et de voz grans fais; vostre
hardement, vostre vertu et vostre aage me 1796
reconforte moult. Le besoing, le peril ou
vous estes vous doivent esvertuer et croistre
vostre force; le destroit du lieu ou vous estes
deffent que noz ennemis ne nous puent du tout 1800
enclorre de front, comment qu'ilz se combatent
a vous. Et se fortune a envie de vostre vertu,
gardez que vous n'en perdez les armes pour neant,
ains les vendez et vengiez vigoreusement; ne 1804
vous laissiez pas prendre et violer comme bestes;
combatez vous comme hommes, si que no<u>s ennemis
en puissent plaindre leur dommage, tout soit que
nous soiens vaincu<c>. 1808

Comment Cateline ordonna ses eschielles et comment il fu desconfis

Puis que Cateline ot ainsy parlé, il se tut
un petit; apres envoia sonner buisines et
moienniaux. Lors ordonna ses eschielles et les
mena en un plain lieu. Les chevaliers fist 1812
descendre et mettre leurs chevaulx arriere, affin
que eulx et ceulx a pié en fussent plus hardis,

car quant ilz verroient les chevaliers a pié
combatre delez eulx, et qu'ilz ne s'enfuiroient 1816
pas sur leurs chevaulx quant ilz seroient a pié
ou chaple mis. Cateline meisme fut tout a pié
et ordonna sa gent selon ce que les destrois du
lieu pouoient souffrir. Les haulx hommes estoient 1820
a senestre, la roche aspre et roide devers destre;
un pou de plain avoit entre deux. En ce plain
ordonna Cateline huit eschielles a un fronc; a
chascune eschielle ot v^c hommes. Le remenant de 1824
sa gent mist en arriere garde serreement. Puis
prist connestables et centurions et les plus
vaillans chevaliers, si les mist es premiers
frons, selon ce que chascun estoit armez. Maulius, 1828
qui plus hault estoit de Cateline, fu devers destre;
Fessulanus,[*] un autre vertueux chevalier, devers
senestre, pour garder les autres. Cateline fu
ou milieu atout la plus menue gent, et avoit 1832
decoste soy l'aigle d'or que Marius[*] avoit eue
jadis en la bataille des Tymbres[63] et des Tyois.

    Marcus Petreius fu d'autre part en l'ost
des Rommains. Gaius Antonius le fist guieur 1836
de l'ost, pour ce qu'il avoit mal es piez ne ne
pot pas estre en la bataille. Il meisme, si
malade comme il estoit, aida a ordonner ses
batailles et mist ou premier fronc les chevaliers 1840
anciens et autres, qui maintes foiz s'estoient
esprouvez en bataille. Et y ot assez plus
eschielles que en l'ost Cateline. Puis establi
grant arriere garde, et aloit environ sur son 1844
destrier: "Seigneurs, pour Dieu, disoit Gaius
Antonius, membrez vous a quelle gent vous devez

---

[63]V_3: Cymbres.

combatre: c'est contre larrons desarmez et contre
fuitifs; et pour nostre paix, pour noz enfans,   1848
pour noz temples, et pour noz maisons est cilz
estrif. J'ay esté bien xxx. ans que tribun, que
prevost, que legat, et ay chevauchié en ost a
grant gloire avec les plusieurs de vous; bien ay   1852
esprouvees voz prouesces et voz fais. Or parra
que vous ferez a ce besoing." Nommoit Anthoine
les plusieurs par leurs noms et les couronnoit
de bien faire et admonnestoit.   1856

  Quant Antoine ot bien ses eschielles
ordonnees, Petreius, qui fu duc es guerres de
l'ost, sonna une buisine, et les conrois
s'esmeuvent petit a petit par son commandement.   1860
Cateline et les siens firent ensement. Et quant
les conrois des chevaliers et des autres
s'entrevirent de si pres que ceulx qui portoient
les dars [e] <entre> porent entreferir, lors   1864
oissiez cors sonner et buisines retentir,
chevaulx hanir et grater, et veissiez dars et
saiettes voler. Ilz s'entreviennent aux espees
et aux lances, tresbuchent de ça et de [la].   1868
Les chevaliers Petrenius,[64] que Antoine avoit
si bien enortez, quant vint au besoing si se
recordent de leurs anciennes vertus, commencent
la gent Cateline a ferir des espees et enchacier   1872
de pres, et a abatre et a detrenchier. Cateline
et les siens ne firent mie l'esbays ne l'espoventez,
ains se combatirent vertueusement, occiant a destre
et a senestre. Cateline estoit ou premier fronc,   1876
secouroit aux lassez, traioit arriere les foibles
et les navrez, mettoit avant les frois qui estoient

---

[64]V₃: Petreii.

sains et estoit pourveans en toutes choses et se
combatoit fierement et requeroit ses ennemis une   1880
foy a l'espee, autresfoiz a la hache ou a la
mace turquoyse, et bien se deduisoit comme noble
chevalier et a guise de bon empereur, faisoit
toutes les choses que vigoreux chevalier et   1884
hardi prince devoit faire en tel besoing.
Pietreinus,[65] puis qu'il vit ce que Cateline se
contenoit si iustement et si vertueusement contre
ce que il cuidoit avant, et sa premiere eschielle   1888
estoit aucques malmise, il print la seconde
eschielle que les pretors guioient et conduist
iusques emmy ses ennemis, et y commencerent a
ferir. Ceulx furent las et destourbez. Telz   1892
y ot qui se deffendirent si vivement que on les
occioit en leur estant; les autres se traioient
arriere, puis se remettoient en l'estour.

    Quant Petrenius[66] ot ainsi percié ceulx du   1896
milieu, il fist les siens guenchir sur destre et
vers senestre. Maulius fu assailli d'une part,
Fessulanus d'autre; et chascun de soy deffendre
a son pouoir. Maulius, qui se senti empressé,   1900
saisy une hache donoise a deux mains, fiert et
refiert, occist et abat ces chevaliers l'un sur
l'autre. Tarquinus,[67] un pretor, qui seoit sur
un destrier de Paive,[68] tint un espié en sa main,   1904
il regarda et vit que Maulius dommagoit ses
hommes a la hache. Il lui lança l'espié par
telle vertu qu'il lui perce et desront la broigne

---

[65]V$_3$: Petreius.
[66]V$_3$: Petreius.
[67]V$_3$: Tarquinius.
[68]V$_3$: Parme.

treslice et lui trenche la char blanche rez a
rez du coste, si que le sang lui commence a
raier le contreval. Maulius, qui vit son sang
degouter, print cuer et devint plus fier que
lyon quant il se senti navré. Lors hauce la
hache et fiert Tarquinus sur la destre espaule:
oncques haubert ne pourpoint ne porent la hache
garantir qu'elle ne coulast iusques au polmon, et
tresbucha a terre du cheval. Maulius saisy le bon
destrier par la regne et sault es arçons. Lors
le veissiez demener en guise de vaillant duc;
il feroit, il abatoit; nul ne pouoit ses coups
soustenir. Petreius, qui parmy la presse vit
que Maulius aloit ainsi les siens dommagant,
hurte le cheval des esperons et s'adresce celle
part ou il recouvra un fort espié dont le fert
estoit trenchant et la hante grosse et roide.
Maulius, qui fu sans escu et sans lance, le vit
venir si tourna le col du destrier vers lui et
alongne la hache tant comme le manche se pot
estendre pour recevoir son adversaire a escoc.[69]
Petreius l'ataint de l'espié et lui passa la
lemale parmy le pis et lui trencha les vaines
du cuer, si que du destrier le couvint cheoir.
Quant Maulius fu cheu la destre helle de la
gent Cateline en fu espoventee et moult s'en
affoibly, car il en estoit duc et guieres.

    Fessulanus, qui en la destre[70] helle estoit,
se restoit tant combatu qu'il avoit tant de sa
gent perdue que merveille. Cilz cerchoit souvent
les rens et dommagoit des Rommains a planté. Il

1908

1912

1916

1920

1924

1928

1932

1936

---

[69]V$_3$: estoc.
[70]V$_3$: senestre.

fu monté sur un destrier et ot trouvé un glaive
roide et trenchant. Lors s'eslesse vers les   1940
Rommains et encontra un souldoier qui Mitrius[71]
avoit nom. Cellui fery Fessulanus par tel hair
qu'il le versa a terre, lui et son cheval ensemble.
Du relever ne fu riens, car la presse fu si grant   1944
que ceulx qui y cheoient estoient debrisiez et
defoulez en un moment. Puis mist Fessulanus
la main a l'espee et fiert Ponce[72] parmy le chief,
si qui[73] lui embat le branc d'acier iusques au   1948
menton. Apres abat le tiers et le quart. Moult
fu a celle pointe dommagee l'eschielle que les
pretors guioient, car Fessulanus et les siens,
si come ie dy, en avoient abatu grant foison.   1952
Les pretors ralierent leur eschielle et Fessulanus
se fiert entre eulx. Ceulx lui viennent de toutes
pars et faisoient semblant de lui enclorre. Il se
deffendoit comme senglers qui se sent avironné   1956
des chiens. Au derrenier les pretors l'abatirent
en la presse et fu illec detrenchiez et decouppez.
     Entre ces choses Petreius et Cateline
n'estoient pas oiseux, ains s'entrerequeroient   1960
communement. Et tant fist Petreius que l'aigle
d'or que Cateline avoit jouste soy fu abatue et
ses eschielles desrompues et desbaretees. Quant
Cateline vit les siens desconfis et qu'il n'avoit   1964
que un tantet d'ommes entour lui, il lui remembre
de son lignage, de sa grant dignité et de son
pouoir dont il avoit jadis esté. Il recouvra
vertu et cuer. Une foys se combatoit a pié,   1968

---

[71]V₃: Mutius.
[72]V₃: Poncon.
[73]V₃: que.

autrefois a cheval. A celle foys seoit sur un
auferrant courreur et puissant, qu'il avoit a
un connestable tollu. Et a celle maniere que
le lyon yrié se souloit fremir et demener,   1972
Cateline serre les dens, esraille les yeux et
voit venir Petreius contre lui. Lors toult un
glaive fort et trenchant a un escuier qui illec
estoit et la met sur fautre. Lors broche le   1976
cheval des esperons si vistement que le feu en
estancelle des grez et des chaillos. Petreius,
qui bon chevalier estoit et avenant, le fiert de
la lance si qu'il lui perce l'escu et desmaille   1980
le haubert et lui passe parmy les flans le gros
de la lance, si que la hante lui brisa ou poinct
et le tronçon remest a Cateline dedens le corps.
Cateline ne failli pas, ains ot tenu son glaive   1984
plus bas que Petreius. Il fiert Petreius en la
cuisse par dessoubz le geron du haubert et lui
passe le fer du glaive parmy oultre le braier de
la cuisse. Par tel randon s'entrevindrent que   1988
les deux destriers s'entrehurterent des testes
et des pis. Le cheval Cateline, qui plus
estoit foible, s'esloisse le col et vole a terre
Cateline; en estant remest Petreius. Et   1992
Cateline sault et s'esvertue et arrache a deux
mains le tronçon de la lance qui lui estoit
remest ou corps. Quant il se senti a pié, il
recuevre une guisarme qui pendoit a son arçon   1996
et la lieve a deux mains et va requerir Petreius.
Tel cop lui donne parmy le chief qu'il lui
trencha une piece du heaume, et s'en descent
le coup contreval et emporta le pannel de l'escu.   2000
La guisarme, qui leva en hault, ataint le bon
destrier parmy les espaules endroit l'arçon de

devant et couppe les auves et le cordoan, si
que elle glace iusques au foye par le coup qui 2004
guenchy. Se Petreius feust ataint plainement de
ce coup, il eust le champ finé. Petreius, qui
fu mis a pié, mist la main a l'espee, et
s'entreviennent tuit a pié entre lui et Cateline. 2008
L'un fiert de l'espee, l'autre de la guisarme.
Ces heaumes retenceloient. Ilz escumoient comme
deux senglers tant que ceulx de l'eschielle
pretorienne choisirent leur seigneur a pié. 2012
Ilz s'asemblerent et le remirent a cheval.
Cateline fu a terre entre ses ennemis et se
deffent comme vertueux: ce que il ataint est
venu a sa fin; il les abat l'un sur l'autre. 2016
Les Rommains lui lançoient espiez, maces de
fer et de cuivre, fourches de fer et pieux
de chesnes esmolus et agus. Les autres
venoient sur lui a eslez, et fu illec navré 2020
et feru de glaives et d'espiez parmy le
corps en plusieurs lieux, tant qu'il fu
abatus. Lors fu le remenant de sa gent vaincue
et detrenchié. 2024

    Illec peust on veoir de quel hardement et
de quel force de cuer la gent Cateline estoient,
car, quant la bataille fu oultree, chascun fu
trouvé mort en la piece de terre ou il avoit esté 2028
vif devant ou commencement de la bataille. Pour
ce puet on trouver raison que nul n'y fouy <onc>
oncques, ains se combatirent a estal que nul n'y
ot oncques paour et comme gens sans cremour. 2032
Un petit y ot des chevaliers aux pretors qui
l'eschielle orent hurtee et desrompue[74] ou

---

[74]V3: Un petit i ot de chevaliers qui (P13: que) l'eschiele as pretors out hurtez et
deronpuz.

second assault: ceulx furent trouvez gisans un
pou plus loing, ne n'y ot nul qui oncques eust 2036
plaie par derriere comme hommes qui fuient,
ains furent tous navrez par devant. Cateline
fu trouvé loing des siens entre les corps de
ses ennemis. Encore avoit en lui un pou de 2040
pous; la fierté qu'il avoit eue de cuer tant
comme il fu en vie apparoit encore en son
pous[75] la ou il gisoit. Oncques n'y ot nul
citoien ne nul autre prins ne en bataille 2044
ne en fuiant. Ne les Rommains n'orent pas
du tout ne la iustice ne la victoire, car
chascun des nobles chevaliers ou il estoit
mort en la bataille ou il estoit eschappez 2048
moult durement navré. Moult y ot de ceulx qui
des tentes estoient venuz et de Romme mesmes
pour veoir ou pour despouillier les mors et
trouverent li un son amy, l'autre son hoste, 2052
l'autre son cousin; les autres trouvoient
leurs amis et ennemis. Ainsi faitement
les uns avoient joye et les autres dueil.
    Itelle fu la fin de la coniuroison 2056
Cateline. En ceste maniere fu le commun
de Romme delivrez par le sens Cyceron, par
le conseil Caton, et par ce que Petreius
et Quintus Metellus enchacerent vigoreusement 2060
Cateline, tant que il et les siens furent
tous mors.

----

[75]V₃: vost.

Comment Julle Cesar fu accusez qu'il estoit de la coniuroison Cateline

Julius Cesar, ce dist Suetoines, puis que
le senat fu accordé au iugement Caton d'occirre 2064
les compaignons Cateline, dont nous avons ça
en arriere parlé, ne laissa pas pour ce qu'il
n'empeschast leur mort tant comme il pot, si
que les chevaliers armez, qui gardoient les 2068
prisons qui estoient illec, lui courrurent
sus espees traites, pour ce qu'il les deffendoit
trop de parolles, et ceulx qui seoient iouste
Cesar se trairent arriere de paour, ne mais 2072
que telz y ot qui le couvrirent de leurs bras
et de leurs manteaux. Lors se party de la
court en telle maniere qu'il n'y entra plus
de tout le remenant de cest an. 2076
Une autre fois, ce dit Suetoines, refu
nommez des compaignons Cateline. Lucius Vescius*
le nomma par devant un questor qui avoit nom
Novius le noir. Quintus Curius le nomma ou 2080
senat et dist que Cateline lui avoit dit que
Julius Cesar estoit de sa coniuroison. A cestui
avoit on promis loier du commun pour ce qu'il
descouvry premier celle coniuroison. Lucius 2084
Vescius disoit que Cesar avoit baillié son
escript a Cateline ou la compaignie estoit
confermee. Mais Cesar en fist bel escondit et
tray Ciceron a tesmoing qui lui avoit dit a 2088
conseil et l'avoit garny d'aucunes choses
qu'il avoit aprinses de celle coniuroison, et
fist tant que Quintus Curius en perdi le loier
que le commun lui avoit promis. Lucius Vescius 2092
en perdy quanqu'il avoit, et presque le peuple

ne le tua emmy le plaideur, et Cesar le mist
en chartre. Novius le questor refu mis ensement
en chartre pour ce qu'il ot souffert a accuser   2096
devant soy Julius Cesar qui plus estoit de
haulte baillie que lui.

Comment Julius Cesar fu ostez de ses baillies et remis

An premier jour que Julius Cesar fu pretor,
il appella Quintun Quatulun[76] par la voulenté du   2100
peuple et commanda que le capitole feust refait.
Mais quant il vit que Catulum[77] en estoit contre
lui, il laissa ester.
    Cecilius Metellus* estoit un tribun durs   2104
et aspre et contraire au senat et a ses
compaignons en maintes choses. Cesar estoit
son familier et l'aidoit a deffendre contre
tous; tant que les senateurs donnerent iugement   2108
que l'un ne l'autre ne s'entremeist de nulle
baillie qui appartenist au commun. Pour tout ce
ne laissa Ces<s>ar a remanoir en sa baillie et
donner iugemènt comme il souloit, iusqu'a tant   2112
que le senat y envoia chevaliers armez qui par
force lui deffendirent. Quant il sceut que
pour ce venoient, il s'en fouy quoyement en son
hostel et pensa qu'il seroit en paix ne de   2116
nulle baillie ne s'entremettroit iusques en
lieu et en temps. Deux iours apres vint grant
multitude de peuple et de gens a grant tourbe
a son hostel quant il pensoit estre en paix   2120
et de nulle baillie, et lui distrent qu'il

---

[76]V$_3$: Quintun Catulun.
[77]V$_3$: li senaz.

requeist quelle dignité qu'il vouldroit; et
ilz mettroient paine tant qu'il l'aroit. Cesar
respondy que non feroient; ne n'avoit que faire   2124
de nulle baillie. Quant le senat sceut que le
peuple lui avoit offert s'aide en telle maniere,
et Cesar l'ot refusee contre ce qu'ilz cuidoient,
ilz envoierent des plus preudommes de la ville en   2128
sa maison, le mercier de ce qu'il ne vouloit
pas esmouvoir le peuple contre eulx, et, pour
oster achoison de noise, ilz l'appellerent a
court, et fut illec loez de tous les senateurs   2132
par moult de parolles en maintes manieres, et
lui furent tantost renduee[78] toutes ses dignitez
enterinement,[79] et fu pretor come devant.

Comment Cesar ala en Espaigne et appaisa toute la terre

Apres advint que la province--c'est la   2136
contree--d'Espaigne la plus loingtaine eschey
a sa prevosté. Lors vindrent ceulx a qui il
devoit pour destourber qu'il ne se partesist
iusques a tant qu'il eust ses debte[s] acquittees.   2140
Il leur promist tant et les mist en si bonne
ordonnance qu'ilz le laisserent aler. Quant
il vint en Espaigne, il ordonna et appaisa toute
la terre a sa voulenté. Apres n'y voult oncques   2144
demourer, tant que les consulz et les senateurs
lui envoiassent successeur qui feust sire de la
contree apres lui; ains se hasta de venir a Romme
pour estre a temps au jour que on recevoit les   2148
dignitez, car il beoit a estre consul. Quant il

---

[78]V$_3$: rendues.
[79]V$_3$: entierement.

vint pres de Romme, si manda deux choses: que on
lui apparoillast triumphe, ou que on le feist
consul.   2152

Triumphe est une maniere d'onneur et de
joye que les Rommains faisoient a ceulx qui
estoient envoiez en estranges terres, quant ilz
repairoient et ilz avoient les batailles vaincues   2156
et les contrees conquises ou ilz estoient envoiez.
On vestoit cellui d'une blanche robe et lui
mettoit on une couronne de lorier. Apres
montoit sur un curre que chevaulx blans traioient.   2160
Tout le peuple issoit de Romme contre lui. A
l'entree de la cité estoient decouste ce curre
les damoiselles et les pucelles, qui chantoient
et demenoient joye; de l'autre part, a senestre,   2164
estoient les chetifz prisonniers qui venoient
plourans et crians, comme ceulx qui estoient de
pays gettez. Par ces trois choses appelloit on
ceste honneur triumphe.   2168

Les senatz lui remanderent qu'il ne seroit
ouy de riens qu'il demandast se il n'entroit en
la cité a privee mesnié sans presse de gens.
Lors se pourpensa qu'il lairoit ester la triumphe,   2172
car mieulx estoit qu'il s'en teust, que ce qu'il
perdist la dignité de consul. Ainsi entra a
Romme.

Or y avoit deux hommes de grant pouoir qui   2176
tendoient a estre consulz autressy: l'un avoit
nom Lucius Luceius,[80] l'autre Marcus Bibulus.
Cilz avoit esté compaing a Julius Cesar quant il
fut edile. Cesar amoit mieulx que Lucius Luceius   2180
feust son compaignon en ceste baillie que Marcus

---

[80]V₃: Lucius Lucceius.

Bibulus, et lui dist: "J'ay la grace du peuple
plus que vous; vous avez plus d'avoir que ie n'ay:
je vous esliray a compaignon par tel couvent   2184
que vous paierez les souldoiers de vostre argent
pour moy et pour vous en commun, et que vous le
ferez ainsi dire et crier par les connestables
de ceulx qui ont esté en ma compaignie et avec   2188
moy." Le senat, quant il sceut ce, se doubta
que se Cesar estoit en celle dignité, ne feist
maintes choses contre eulx par le consentement
de Luce, se il estoit son compaignon. Dont il   2192
avint que Marcus Bibulus lui offry ce meisme a
faire de son avoir, et les plusieurs y mistrent
du leur. Caton meismes ne contredist oncques
que les souldoiers ne feussent paiez du commun.   2196
En ceste maniere fu Marcus Bibulus consul avec
Cesar, et Lucius Luceius y failli.

      Puis vint le senat, si donna iugement que
les consulz ne s'entremeissent cel an fors des   2200
petites besongnes, si comme des forests et des
chemins, et tout pour amenuisier leur pouoir.
A Cesar tourna ceste chose en grant desdaing.
Pompeius* n'amoit pas le senat a ycel temps,   2204
car ilz ne vouloient confermer sa victoire qu'il
avoit eue de Mitridace le roy d'Aise. Et Cesar,
en despit du senat, commença servir et honnourer
Pompee en toutes manieres, et paix mist et   2208
concorde entre Marcus Crassum et Pompeiun, qui
s'entrecheoient des lors qu'ilz furent ensemble
consulz, car ilz ne s'estoient pas accordez en
ceste baillie. Et fu l'amour si confermee entre   2212
eulx trois que on ne sceut riens faire ou commun
qui despleust a nul des trois.
      Si tost qu'il fu consul, il establi que les

fais du senat et du peuple de chascun jour 2216
feussent fais ensemble et publiez. Ce n'avoit
nul publié en celle baillie avant. Une ancienne
coustume ramena avant, car il avoit tel moys en
l'an ou les Rommains faisoient feste et honneur 2220
aux consulz et portoient brandons, telz mois
y avoit ou on ne faisoit riens. Selon
l'ancienne coustume, voult que luminaire fust
portez devant lui en cest moys ou les brandons 2224
n'estoient mie portez, et voult que les
sacrifieurs le suivissent par derriere,
appareilliez comme se ilz deüssent faire sacrifices.
        Or avint que le senat donna une loy d'endroit 2228
les champs a la menue gent pour eulx grever.
Marcus Bibulus, compaignon Cesar, commença a
la prononcier ou marchié et es lieux ou on
tenoit les plais a Romme, contre sa voulenté. 2232
Julius Cesar ala la a tout gens armez et l'en
fist aler d'illec a force. Si s'en plaint
l'endemain au senat; mais nul n'en osa oncques
parler ne donner neis une petite sentence contre 2236
luy; si que Bibulus s'en desespera si que, tout
le remenant du temps de sa baillie, ne osa il
oncques riens prononcier en commun, ainçois
estoit en sa maison comme s'il fust repost, et 2240
mandoit par messages ce qu'il devoit prononcier.
Des lors en avant fist Cesar du tout a sa
voulenté et a son iugement des besoingnes du
commun; si que les aucuns des citoiens, quant 2244
ilz vouloient aucun testament seeler, en
jouant ilz estrivoient et disoient: "Quant ce
fu fait, Cesar et Bibulus n'estoient pas consulz,
mais Julius Cesar," et ilz mettoient en ceste 2248
maniere Cesar deux fois: par son nom et par

son surnom; et Bibulus n'y estoit pas nommez,
si que on disoit par la ville ces deux vers:

    Non Bibulo quidam nuper, sed Cesare 2252
fratrem;

    Nam Bibulo fieri conscilenum memini;[81]
c'est a dire: "Ceste chose ou celle est faite
nouvellement dessoubz Cesar, car dessoubz 2256
Bibulo ne scet nulz que on face riens."

    Un champ avoient les senateurs <et> a
leur feste sacré et retenu, et y avoit un autre
champ ou les pesans et les passans paioient 2260
treus aux usages du commun. Ces deux champs
departy Cesar et en fist xxx^m mesures qu'il
donna a tous ceulx qui avoient a Romme trois
enfans ou plus. Il en ot maintes beneiçons 2264
de la menue gent. Aux pasteurs qui lui
requirent querelles, il relascha la tierce
partie de qu'ilz devoient donner cel an pour
le paage, et admonnesta qu'ilz ne feissent 2268
encherissement des lors en avant. Autres
choses y donna a tous ceulx qui lui requeroient
et qui mestier avoient de chose que il peust
donner sans contredit de nulluy. Et se nul 2272
feist semblant de contredire, il les
espoventoit si que taire les en convenoit.

    Marcus Catho fist il traire hors de la
court et mener en chartre pour ce qu'il osoit 2276
contredire. Lucius Lucullus en parla plus
hardiement que nul des autres de ce que Cathon
fu menez en prison, qui estoit preudoms; mais
il fu si espoventé de parolles que Cesar lui 2280

---

[81]V₃: Non Bibulo quiddam nuper, sed Cesare factum est; Nam Bibulo fieri consule nil memini.

dist, qu'il doubta que on ne lui meist sus
aucun forfait dont il feust en chartre menez,
et lui chey tantost aux piez voiant le senat;
car quiconques estoit consul, il estoit plus   2284
redoubté et plus avoit de pouoir que nul
des autres. Les dictateurs seulement estoient
de plus haulte dignité que les consulz. Ciceron
meisme se complaignoit un jour de l'estat du   2288
temps et du plait, et dist que malement aloit
au commun et du preu de la ville: assez y avoit
de telz qui le mettoient en nonchaloir. Publius
Clodius, qui estoit ennemy Cesar pour sa femme,   2292
vouloit guerpir le senat et tourner soy devers
le peuple. Si fist il. Lors y ot telz qui
lui promistrent [loier] en repost pour nommer
aucuns et pour dire que on l'escommouvoit et   2296
donnoit conseil qu'il occeist Pompee. Cesar
le fist appeller ou lieu des plais pour nommer
ceulx qui conseil lui donnoient de Pompee occirre.
Cilz commença a nommer uns et autres. Cesar   2300
perceut que c'estoit barat ne ne sembloit pas
veoir verité de ce qu'il disoit. Lors le fist
on mettre, et cuide on qu'il moru en la prison
par venim qui lui fut donnez.   2304

Comment Cesar espousa la fille Luce Pison et donna a Pompee la soye fille

Julius Cesar espousa a ce temps la fille
Luce Pison, qui devoit estre consul l'an apres.
La dame ot nom Caphurnia.[82] Lors meismes espousa
Pompee la fille Julius Cesar. Celle avoit nom   2308
Julia. Cesar la retoli a son premier mary pour

---

[82]V$_3$: Calpurnia.

lui donner. Son premier mary ot nom Servilius
Scipio;[*] s'aide avoit eu<e> mestier a Cesar
contre Marcus Bibulum. Sy tost que Pompee fu
son gendre, il le commença a honnourer. Quant
les senateurs estoient ensemble pour desraimer[83]
leurs sentences d'aucunes querelles, Cesar,
qui consul estoit, demandoit tout avant sa
sentence a Marques le Gras* et puis aux autres
par ordre; mais lors changa Cesar l'ordre de
demander aux senateu[r]s, et commençoit
tout adez a Pompee pour honneur de son gendre.
    Il estoit de coustume que les senateurs
devisoient chascun an les regions des terres
selon les remuemens des batailles. Or vint
Cesar, qui fist tant par l'aide Luce Pison et
de Pompee que la contree de France lui fut
ottroiee et livree du senat pour y aler et
pour conquerir la. Une partie lui ottroierent
avant, et puis toute, car ilz doubterent que
le peuple ne lui ottroiast se ilz lui
escondisoient. Cesar en ot si grant joye qu'il
se vanta, ne demoura gaires, a la court oyans
plusieurs, et dist: "Or ay ie ce que ie
desiroie maugré tous mes ennemis. Je leur
en feray encores sevrer les testes." Illec
en ot un qui respondy par desdaing: "Ce ne
seroit pas legiere chose a faire." Cesar,
qui sa ramposne entendi, respondy: "Semiramis,
qui femme fu, regna jadis en Babiloine, et
femmes rendirent[84] Amazone."
    Quant il ot esté consul pres d'un an, Gaius

2312

2316

2320

2324

2328

2332

2336

2340

---

[83]V₃: dire.
[84]V₃: retindrent.

Memius* et Lucius Domicius,* qui estoient pretors,
parloient des besongnes et des fais de l'an
arriere, pour compter et raison rendre de ce
qui estoit fait. Cesar en voult bien compter   2344
au senat, mais le senat n'y voult entendre de
trois jours entiers. Quant Cesar entendi
qu'ilz gastoient le temps en oyseuseté ne ne
vouloient a son compte entendre, il s'en ala   2348
es besongnes du commun hors de Romme comme
consul. Lors fu un sien prevost prins pour
hayne de lui, et lui mettoient sus forfait a
tort. Lucius Astutius[85] lui fist savoir, et   2352
tost revint a Romme. Il assembla le senat, qui
lui delivra son prevost par iugement; pour
le commun besoing ou il estoit alez le delivra.
Cilz Lucius Asticius estoit tribum. Tres[86]   2356
lors en avant fist tant Cesar que les baillis,
en la maniere qu'ilz estoient changiez chascun
an, lui faisoient serement ou lui donnoient
chartres que ilz deffendroient lui et les siens   2360
toutes les fois qu'il seroit hors de Romme en la
besoingne du commun. Quiconques vouloit avoir
l'ottroy Cesar et son aide pour monter en baillie
tout avant lui couvenoit jurer et plevir ceste   2364
chose, et lettres en bailloit.

Coment Pompee ala en bataille contre le roy des Hermins

Tygranes, le roy des Hermins, mut guerre
aux Rommains en ycellui temps. Pompee y fu envoié
par le iugement du senat, qui plusieurs foys le   2368

---

[85]V₃: Antistius.
[86]V₃: Des.

vainqui en champ, et si que au derrenier en ot il
la teste. Fernaux, son filz mesmes, en fist
present a Pompee; et il l'en couronna a roy, et
lui donna la terre son pere. Puis s'en ala   2372
Pompeius en Surie et vint a Damas, que Metellus
et Lelius, deux de ses ducs, avoient prins de
nouvel.

     Or avoit grant guerre en la terre des Juifs   2376
a cellui point, qui estoit commencie[e] en celle
annee: apres le repaire que Juifs orent fait de
Babiloine, quant ilz orent le temple refait que
Nabugodonozor avoit destruit, le premerain qui   2380
se tourna[87] et qui roy se fist appeller ot nom
Aristobolus. Il fu filz Iehan Hircanus, qui fu
filz Symon le derrenier des Machabeus. Car
Mathothias, le pere de Machabeus, ot cinq filz: 2384
Jonathas, Elazarus, Judas, Jehan et Symon
furent appellez. Symon ot un filz, qui ot nom
Jehan Hircanus. De cestui yssirent cinq filz.
Aristobolus ot nom li ainsnez. Cilz fut le   2388
premier roy des Juifs apres le retour de
Babiloine.

     Si tost qu'il fu roy, il mist en prison
ses trois meneurs freres. De l'ainsné apres
lui fist son seneschal et son compaignon, car   2392
il amoit moult Antigonus. Fu si biaux que la
royne femme son frere, qui Cleopatra fu appellee,
l'ama pour sa beauté et pour sa prouesce, car   2396
avec la beauté estoit il trop durement bon
chevalier. Elle le requist premierement qu'il
geust avec elle, car elle mouroit pour s'amour.
Antigonus n'en voult riens faire, tant pour   2400

---

[87]V$_3$: se corona.

cremeur de Dieu, que pour amour de son frere
qu'il amoit moult. La dame en fu honteuse, si
pourchaça sa mort. Elle fist entendant a son
mary le roy que son frere le vouloit occirre. 2404
Le roy gisoit deshaitié et ne pot sa femme
croire, tant se fioit en lui. La royne lui
dist qui[88] le mandast et, s'il venoit armez,
sceut il de voir qu'il estoit ainsi qu'elle 2408
lui avoit dit. Le roy fist armer des chevaliers
et les envoia en un obscur lieu par ou Antigonus
devoit venir, et leur commanda qu'ilz
l'occeissent s'il venoit armé. Mais le roy 2412
l'amoit trestant que il lui manda par son
message qu'il ne venist pas armez. La royne
corrumpi le message par dons et par promesses,
et lui fist dire de par le roy qu'il venist 2416
armez et que le roy le vouloit veoir en ses
armes. Antigonus estoit lors entrez en
Iherusalem, si comme il repairoit d'une
chevauchie, et moult lui furent les armes 2420
avenans. Merveilleuse joye lui orent fait les
citoiens a l'entrer. Judas, qui avoit sentu
qu'il <qu'il> devoit le iour mourir, fu tout
esbahy quant il le vit encore vif, car il estoit 2424
presque nonne, et il avoit sentu qu'il mourroit
en Cesaire, qui lors estoit clamee Pirgus Traçon;
et s'il meust lors pour aler en Cesaire, il n'y
feust pas de jour. Mais ce deceut le devin, que 2428
le lieu ou les chevaliers le gaitoient avoit nom
ensement Pirgus Traçon. Si comme Antigonus vint
tout armez la ou ilz l'atendoient, ilz lui
saillirent sus si l'occistrent tantost. Lors 2432

---

[88]V₃: que.

s'apparçut le devin, quant il oy dire, qu'il
avoit esté deceu par le lieu qui avoit nom Pirgus
Traçon pour Cesaire.

    Quant le roy sçot ceste nouvelle de la mort 2436
son frere, il fut dolent et courroucié. La
malaidie lui engrega; le sang lui yssoit parmy
la bouche, parmy le nez, et parmy le fondement,
tout cler. Un jour porta li menistres hors 2440
plain un bacin de sang. Antigonus son frere estoit
encore tout fegiez la ou il avoit fait espandre
le sang son frere. Le peuple, qui moult avoit
son frere amez, en fist grant son, et disoient 2444
que ce fu aperte vengence de Dieu, que le sang
du roy estoit gettez la ou il avoit fait espandre
le sang son frere. Le roy oy cest affaire, si
gemist et dist: "Ha! chetif corps, iusques a 2448
quant detendras tu ceste chetive de ame? Je
m'en yroie voulentiers tout ensemble a une foys,
non pas par tronçons ne par pieces; car ie doy
bien mourir qui mon frere ay fait occirre." A 2452
ce mot s'en party l'ame a doleur. Les deux
freres furent mis en un sarqueux.

Comment Alixandre, frere du dit Aristobolus, regna apres lui

    Quant Aristobolus fu mort en ceste maniere,
Cleopatra sa femme getta de prison son ainsné 2456
frere des trois que son seigneur avoit emprisonné.
Alixandre ot nom. Cilz fu roy apres Aristobolus,
car il n'avoit nulz hoirs. Femme espousa sage
et grant, qui fu appellee Alexandra. Le roy 2460
Alixandre fu hardi et de grant cuer, et maintes
batailles fist aux roys qui de lui voisin estoient,
dont il vint au dessus. Assez print villes et

chastiaux, et moult enforça le regne des Juifs 2464
qui le blasmoient de ce qu'il faisoit. Des Iufs
destruist il a plenté et a beau tas. En vj. ans
il occist bien .l.^{m} Juifs. Et pour ce qu'il
destruisoit ainsi ses hommes, ne li pouoient pas 2468
ses victoires a si grant preu tourner. De ses
deux freres occist il un, qui tendoit au regne;
l'autre fist il vivre escharcement.[89] Des Juifs
qui le reprenoient de son oultrage fist il mettre 2472
en croix viij.^{c} enmy la cité de Iherusalem, et
buvoit et s'esbanoioit a ses compaignons la ou il
regardoit ceulx crucifier. Alixandra la royne
estoit debonnaire encontre et assouagoit les 2476
cuers des gens a son pouoir. Toute la doulceur
qu'elle demonstroit[90] au peuple pour la durté du
roy atremper il lui convenoit faire, car autrement
ilz[91] peussent avoir dommage ses enfans. Quant 2480
Alixandre ot assez guerroier[92] et il fu un pou a
repos, maladie le print et dist que c'estoit de
seiourner. Lors fist son atour de guerre et
commença a courre sur ses voisins, comme il avoit 2484
fait avant; et l'enfermeté lui lascha: ne ne senti
mal ne douleur. Apres ses batailles revint en
Iherusalem. N'y ot pas longuement esté quant son
mal le print qui le greva; et il se reprint aux 2488
armes. Mais sa foiblesce nou pot endurer, si
chei en fievres quartaines, dont il morut au
xxxvj.^{e} an de son aage.

    Il laissa son regne a sa femme, car il 2492

---

[89]V$_3$: escharriement.

[90]V$_3$: qu'ele pooit si mostroit.

[91]V$_3$: i.

[92]V$_3$: guerroié.

savoit bien que Iufs seroient voulentier obeissans
a elle, pour la debonnaireté qu'elle leur avoit
monstree, et mieulx en seroit a ses enfans.
Alexandra fu sage et vaillant, et maintint assez   2496
bien le regne. Elle tenoit deux osts tout adez:
une de souldoiers qui courroient par les marches;
l'autre de sa gent estoient entour elle. Environ
.x. ans regna la dame ains qu'elle morust. Elle   2500
fist roy son ainsné filz qui Hircanus ot nom;
mais il estoit moult vil.

    Aristobolus son frere fut vistes et aspres.
Cellui fist la mere vivre echar<c>[i]ement, car   2504
ne vouloit que son ainsné frere feust contrariez
par lui tant que une maladie print a la dame.
Quant Aristobolus senti sa mare[93] malade, il
prist compaignons assez, dont il avoit plusieurs,   2508
si courut et saisi assez forteresces par la terre,
et mist son frere au dessoubz. La dame, qui a
l'ainsné se tenoit, prist cuer et vigueur, si
sailli sus et prist la femme Aristobolus et ses   2512
enfans, et les mist en prison, et fist tant que
Hircanus ot toutes voies le regne et le tint
apres. Tant comme elle fu en vie, ne ne s'osa
mouvoir Aristobolus. Mais quant elle fut morte,   2516
il amassa grant jouvente fort et delivre, qui a
lui se tenoit, contre Hircanus. Ceulx
assemblerent en bataille es plains de Jherico.
La fu Hircanus desconfis, et couvint qu'il finast   2520
a son frere en telle maniere que Aristobolus foit[94]
roy et Hircanus avroit quelque autre honneur
telle qu'il vouldroit dessoubz lui. Leurs manoirs

---

[93]V₃: mere.
[94]V₃: seroit.

furent changiez. Aristobolus habita ou palais
royal, Hircanus en la maison Aristobolus.
Aristobolus getta sa femme et ses enfans de
Barisentee ou sa mere les avoit emprisonnez:
c'estoit une tour que Herodes amenda puis et
l'appella Antonia en l'onneur de Marcus Anthonius.

2524

2528

Comment Antipater le pere Herode conseille Hircanus qu'il aille au roy d'Arabe

Or avoit Hircanus un vaillant homme avec
soy qu'il avoit nourry; Antipater estoit appellez.
Cilz avoit esté filz a un provoire Sarrazin
d'Escalone qui avoit nom Herodes. Robeurs le
prindrent en France[95] dehors Escalone, et
l'avoient vendu en Judee, ou li enfant creut et
amenda tant que ores estoit amis Hircanus et
son conseillier. Puis ot une femme qui Cypris
ot nom, la niepce au roy d'Arrabe, dont il
engendra Herode, qui les Innocens occist, et
trois autres filz, Phazelus, Rosipus et Foraces,
et une fille qui Soloma ot nom; mais Herode
fut le mains nez.
  Hircanus yssi de Iherusalem par nuit par le
conseil Antipater; et oncques ne cesserent ambedeux
iusques ilz vindrent avec toute leur mesnie a une
cité qui Petra avoit nom en la merche d'Arrabe,
car Antipater eschievoit voulentiers Aristobolus
qui le heoit. Tant fist Antipater devers le roy
d'Arrabe par donner, par promettre, et pour ce
que la niepce avoit, et tant lui remonstra raisons
que Hircanus estoit digne d'avoir son aide et que
roy devoit estre, qui secours lui feist de 1^{m}.

2532

2536

2540

2544

2548

2552

---

[95]V$_3$: en enfance.

hommes que a pié que a cheval. Le roy Archa d'Arrabe
fu lui meismes en l'ost.

      Aristobolus, quant il oy ce, si assembla
gent et yssi contre eulx a bataille; mais il fu   2556
desconfis laidement, sy s'en fouy en Iherusalem.
Hircanus et le roy d'Arrabe assistrent la cité et
sans faille prinse feust se Rommains ne s'en
feussent entremis. Mais Pompeius avoit envoié   2560
Scarus en Surie, un sien procureur. Cellui tourna
Aristobolus a soy et le corrompy par bailliez iiij^c
talans d'or qu'il lui donna pour le siege lever.
Scaurus print cel argent, si commanda au roy   2564
Aresta de par les Rommains qu'il se partist du
siege, se il ne vouloit leur male voulenté avoir.
Le roy Aresta s'en retourna a tout sa gent pour
paour des Rommains, et s'en ala en Piladelfe.   2568
Aristobolus le sieuvy a tout son effort, et ot[96]
vj^m hommes des gens Aresta en son arrieregarde:
ne lui estoit pas assez de ce que Scaurus avoit
le siege desassegié.   2572

Comment Hircanus et Antipater alerent querir secours devers Pompee

      Quant Hircanus et Antipater virent qu'ilz
orent failli au secours des Arrabes, et ilz ne
sceurent ou vertir se a leurs adversaires non
ilz se mistrent en aventure de Pompee requerir;   2576
et vindrent a lui a Damas. Se Antipater avoit
avant bien parlé au roy d'Arrabe pour Hircanus,
encore parla il mieulx a Pompee et le mist en
voye de lui aidier; et lui monstra assez raisons   2580
comment Hircanus estoit ainsnez et sans malice,

---

[96]V$_3$: ocist.

si devoit bien regner, et Aristobolus estoit
malicieux si ne pouoit regner sans dommage du
peuple; et de beaux dons le servy.   2584

    Aristobolus aussi vint la, qui avoit Scaurus
en aide par son donner. Il s'atourna au plus
honnourablement qu'il pot en guise de roy, requist
Pompee qui le laissast regner, car son droit y   2588
estoit. Mais, pour ce que Pompee ne le receut
pas si honnourablement comme roy, il se parti sans
son congié par desdaing: honte lui sembloit que
plus ne l'avoit Pompee honnouré; se prist cuer de   2592
combatre a lui.

    En un fort chastel qui seoit sur une haulte
montaigne en Judee, Alixandre <seurmonta> l'appelloit
on, [seurmonta]. Quant Pompee sceut que la s'en   2596
estoit fouis Aristobolus sans son congié et s'en
alez, il fu iriez, et ottroia tout quanques Hircanus
demandoit. Bien pensoit que celle discorde mettroit
les Juifs en sa main, et feroit de leur regne   2600
province a treu rendant. Lors s'esmut contre
Aristobolus en haste, pour lui tollir espace de
gens assembler. Il avoit grant ost de Rommains,
sans l'aide des Suriens et des Hermins; et entra   2604
es marches de Judee, et envoia au chastel a
Aristobolus et lui manda et commanda qu'il
descendist jus. Cilz amoit mieulx son corps
abandonner a tous perilz que descendre ius par   2608
son commandement ne obeir a nullui. Ses amis lui
loerent qu'il parlast a lui, sauf aler et sauf
venir, car la force des Rommains faisoit moult a
redoubter. Aristobolus descendi, si parla a   2612
Pompee, et plusieurs choses dist par quoy il
· voulsist voulentiers avoir son ottroy. Puis
remonta ou chastel sans contredit. Puis

redescendi pour parler a son frere Hircanus; et 2616
traitoient de paix, mais n'y pouoit estre trouvee,
car a nul fuer il ne se vouloit desmettre de la
royaulté. Au derrenier se parti du chastel et
commanda aux gardes que nul ne rendist le chastel, 2620
se par ceste enseigne non ou par lectres qui
fussent escriptes de sa main; et s'en ala en
Iherusalem entalenté de combatre a Pompee.

Pompee le suivy incontenant et quant il vint 2624
en pays de Iherusalem,[97] la nouvelle lui vint que
Mitridate, le roy de la moyenne Hermenie estoit
mort. Si chemina plus hardiement parmy la region,
qui delitable estoit pour les arbres des palmiers, 2628
des oliviers et des basmiers dont elle odouroit
souef. Une nuyt vint Pompee en Iherico pour le
delit; l'endemain s'en chevaucha moult matin vers
Iherusalem. Et Aristobolus qui son courrous 2632
doubtoit, vint contre lui a petite compaignie et
lui cria mercy: grant masse d'avoir lui promist,
et qu'il mettoit son corps et sa cité en sa main.
Mais il lui failli de toutes ces convenances, car 2636
Pompee y envoia Gabinius pour recevoir cel avoir,
mais il n'en ot point, ne oncques les compaignons
Aristobolus ne lui laisserent mettre la pié en
Iherusalem. Quant Pompee vit ce, il fist 2640
estroitement garder Aristobolus, si vint devant
Iherusalem, et regarda comment il la pourroit
asseoir et de quelle part pour la prendre plus
legierement. La valee estoit parfonde et les murs 2644
espes et fors, et bien s'apparceut qu'elle ne
seroit pas prinse a force sans grant travail;
et quant le corps de la cité prins seroit, si

---

[97]V₃: Jerico.

se pourroient les Juifs ferir ou temple et tenir 2648
la grant piece, car moult estoit fort et seoit
en hault lieu.

 Si comme Pompee aloit son siege ordonnant,
e vous une discorde qui leva entre les citoiens 2652
de leans, car la partie Aristobolus vouloit
retenir la cité et combatre a Pompee pour son roy
delivrer, et les amis Hircanus vouloient les portes
ouvrir a lui et aux Rommains. Emmy le marchié fu 2656
grant la meslee et le debat entr'eulx; assez en y ot
de bleciez et d'occis, et tant que la partie
Aristobolus fu vaincue, si se mist en l'entree du
temple, qui estoit ençaint de bons murs, et fors a 2660
tournelles; et leur coupperent un pont qui
joingnoit du tertre a la cité.

Comment les gens Hircanus rendirent Iherusalem a Pompee qui devant estoit

 Ceulx qui se tenoient a Hircanus ouvrirent
les portes a Pompee pour lui rendre la ville, cité 2664
et le palais royal. Pompee y envoia Pison, un de
ses ducs, pour recevoir la ville. Pison entra
leans, si mist garnison partout.

 Antipater et Hircanus s'entremettoient liement 2668
de bien pourveoir toutes les choses qui leur avoient
mestier au siege, et d'aidier les Rommains. Pompee
fist pourchacier terre a tas pour emplir la valee
devers septentrion, et si emploioent les Rommains 2672
et les citoiens a vigueur pour le terrail drecier
a mettre les engins pour hurter aux murs. Ceülx
du temple gettoient d'amont a effort, et les
destourboient a leur pouoir et moult se 2676
deffendoient bien; et ja n'en feussent venus les
Rommains a chief de la valee emplir, se Pompee

ne se feust pris garde du sabbat que les Juifs
faisoient lors et ne faisoient nulles oeuvres. 2680
Et lors faisoit il sa gent ouvrer a angoisse,
car les Juifs ne se deffendoient pas; ne ne leur
loisoit mie au sabbat, se ce n'estoit pour leurs
corps deffendre main a main, pour autre chose non. 2684

    Et quant le terraux fu drecié, les moutons
furent aprestez. Mais moul pou prouffitoient a
hurter, pour le destourbement qui venoit d'amont
espessement; car les Juifs gettoient et traioient 2688
moult forment, ne ne laissoient riens a faire qui
les Rommains et leurs assaulx deust destourber.
Voirs est que les archiers et les arbalestuers
Pompee en occioient moult emmy l'estre du temple, 2692
si que ilz se merveilloient moult comment ilz le
pouoient endurer, et de ce que, pour nulz meschiefz,
ne laissoient leurs sacrifices a faire; ains qu'ilz
les eussent paroffers, les avoit on abatus et 2696
occis devant l'autel.

    Pompee avoit sis devant le temple pres de
trois mois entiers ainçois que les engins peussent
en riens forfaire aux murs. A male peine firent 2700
les moutons l'une des tournelles verser ou tiers
moys, et fu le mur rompu. Faustus Cornelius, le
filz Silla, osa premier entrer ens par la ou le
mur estoit fondu, et les chevaliers de sa 2704
connestablie avec lui. Apres y entrerent deux
centurions, Furnius et Fabius, et leurs chevaulx
avecques eulx. Quant ilz furent leans entrez,
ilz ataingnirent les Juifs, s'en occioient a 2708
desroy partout ou ilz les ataignoient, fust en
fuiant, fust en deffendant; car les aucuns se
deffendoient a leur pouoir, les autres cuidoient
fouir, si n'avoient lieu. Plusieurs se 2712

tresbuchoient contreval sur les roches. Telz
y avoit qui, par desesperement, boutoient le
feu es edifices et es chambres d'entour les
murs, si s'ardoient illecques. Les provoires 2716
ne se mouvoient pour nulle paour d'entour les
sacrifices, ains les occioit on illecques
devant l'autel. Les Juifs mesmement occioient
l'un l'autre par grant desesperement la ou ilz 2720
congnoissoient leurs ennemis; tant que bien en
y ot le iour d'occis iusques au nombre de xxx^m.
Des Rommains n'en y morust il se pou non, mais
moult en y ot de bleciez. 2724

    Ne les Iufs ne furent oncques si courrouciez
de nul meschief qui a celle foys leur avint, comme
de ce que les Rommains virent les secrez du temple,
que oncques Sarrazins n'avoient veuz avant; car 2728
Pompee entra il et ses ducs ou temple, ou nulz
n'estoient dignes d'entrer se evesques non. Il
regarda et vit toute la vaissalemente et le tresor
de leans: tables, chandeliers, aournemens, les 2732
paremens, et les commandes de leans, iusques bien
a ij^m talans d'or. Mais il n'en getta oncques qui
vaulsist un denier, car le sien cuer ne fu oncques
en fais de couvoitise. Il laissa tout, et 2736
vaissiaux et autres choses; et commanda a
l'endemain que le temple et les autres d'environ
fussent nettoiez et mondez, si que nulle ordure
n'y remansist, et fussent les sacrifices celebrez. 2740

    Et Hircanus conferma en la seignourie, car
digne lui sembloit: bien et hardiement s'estoit
au siege contenus, et avoit a soy atrait les cuers
de folz peuples sagement, qui confermez estoient 2744
a la bataille par l'atirement Aristobolus. Et
Pompee fist a plusieurs les testes coupper, qui

illec avoient ceste guerre esmeue et fu prins
Aristobolus. A Austirius Cornelius et autres qui 2748
bien l'avoient fait donna il bonnes souldees et
riches dons. Puis establi combien Iherusalem
paieroit de treu, et fist province de la contree
entour aux coustumes de Surie et des autres terres 2752
sans roy. Hircanus fu sire et evesque de la cité
sans nom de roy; en toutes autres choses estoit il
prince et chevetaine de la terre de Judee.

Comment Pompee retourna a Romme et laissa Scaurus en Surie

Apres fist Pompee de Scaurus procurateur de 2756
Surie et de toute la terre oultre le fleuve iusques
en Egypte. De Egypte avoit fait roy Tholomé le
josne, et Cleopatra sa sereur mise fut en sa
prison. Mauvais guerredon l'en rendi puis, car il 2760
lui fist la teste trenchier par la main Achillas
son tyrant, si comme nous dirons cy apres. Puis
se mist Pompee au chemin vers Romme, et en mena
avec soy Aristobolus et deux filz et deux filles 2764
qu'il avoit. Alixandre et Antigonus avoient les
filz a nom; les filles, Alexandra et Cleopatra.
Cellui an ala Scaurus sur le roy d'Arrabe
a ost a grant chierté de viandes; mais Hircanus 2768
lui ministroit viande par le sens Antipater si
que le roy Aresta donna a Scaurus iij^c talans
d'or, si le laissa ester par ainsi qu'il
tendroit sa terre des Rommains. 2772
Si comme Pompeius s'en aloit a Romme,
Alixandre, un des filz Aristobolus, lui eschappa
en la voye, et revint en Judee, conqueilli en
peu d'eure assez gens, saisi forteresces et 2776
chastiaulx: Alexandruin et autres assez; prinse

eust Iherusalem et mis au dessoubz Hircanus et
Antipater, se ne feust Gabienus, qui estoit
procureur de Surie apres Scaurus. Cilz envoia   2780
Marcus Antonius en bataille contre Alixandre, et
les suivoit chaudement. Hircanus et Antipater
baillerent a Marcus assez Juifs en son aide.
Malicus et Phitolaus les guioient. Alixandre   2784
n'osa assembler contre Marcus Antonius pour son
grant nombre de gens que il vit, ains s'en fouy
vers Iherusalem, et Marcus Antonius apres, qui
Gabinius a tout sa gent suivoit. Lors couvint   2788
Alixandre soy assembler en bataille; mais il y fu
desconfis; vj^m hommes en furent perdus: iij^m occis,
et iij^m prins vifz. Lors s'en fouy Alixandre[98] ou
fort chastel Alexandriun. Lors envoia Gabinius   2792
la Marcus Antonius. Cellui assist il leans, si
se doubta d'estre prins, et se rendi sauve sa
vie et ce chastel et les autres qu'il tenoit.
Sa mere conseilla a Gabinius qu'il abatist   2796
toutes les forteresces, si ne donroient pas autres
fois matiere de guerre. La dame le flatoit a son
pouoir, pour son mary et pour ses enfans qui
estoient emprisonnez a Romme. Gabinius abati   2800
tous les chastiaulx, puis ala en Iherusalem, si
reconferma Hircanus en l'eveschié, et la gent
des Juifs departi en .v. couvines pour avoir
moins force a guerre mouvoir. Le chief de l'un   2804
couvent fu en Jherusalem, l'autre en Doriz,
l'autre en Amatoute, le quart en Iherico, le
quint en Galilee.

     En ycellui temps s'embla Aristobolus de la   2808
prison de Romme et vint oultre mer, si ramassa

---

[98]V_3: Aristobolus.

grant gent, et recaingny de murs Alexandriun le
fort chastel. Gabinius l'oy dire, si envoia la
batant Marcus Antonius qui y ala a grant gent. 2812
Aristobolus n'osa mie atendre ces trois ducs, si
s'en fouy en Matheionca, qui seoit en la marche
d'Arrabe; et n'y mena que viij^m chevaliers; l'autre
peuple laissa, car preux ne lui sembloit en 2816
bataille. Phitolaus si fu tourné contre lui.
Les Rommains le suivirent. La fu la bataille;
ne ne la pot eschapper ne eschiever: V^m des siens
furent occis; les deux mil s'en fouirent en une 2820
montaigne. Aristobolus et mil hommes qu'il
avoit avec lui de remenant trespercerent les
Rommains et se mistrent en Macheionca. La
cuida gens a force recouvrer, et soustint 2824
vertueusement l'assault des Rommains deux jours
entiers. Au derrenier fu prins et Antigonus son
filz par Phitolaus,[99] si furent amenez a Gabinius.
Aristobolus et son filz furent amenez a Romme. 2828
Gabinius manda au senat par ses lectres que il
meist Aristobolus et retenist en prison, mais ses
enfans renvoiast oultre mer, car ainsi l'avoit il
couvent a leur mere, par qui les fors chastiaulx 2832
lui orent esté renduz. Alixandre et Antigonus
et leurs deux suers furent renvoiez arriere oultre
mer, et leur pere geut en la prison a Romme. Scipio,
amis Pompee, occist puis Alixandre en Antioche. 2836
      Antigonus donna sa plus belle seur a
Tholomé, un riche homme de Liban, a femme.
Alexandra avoit la pucelle nom. Lissanias en yssi
qui tint la quarte partie du royaume de Judee au 2840

---

[99]V₃: Antigonus et ses fius et Phytolaus otout.

temps Pylate. Cilz Lissanias envenima[100] puis
Antigonus son oncle. A Apacorus, le roy des Turs,
promist mil talans d'or et v^c pucelles, s'il
aidoit a son oncle le regne des Juifs a conquerre   2844
et recouvrer. Antipater estoit ja envenimez par
un Juif--Malcus. Si venga son pere.[101] Hircanus
et Herodes et Passellus son frere gouvernoient le
regne des Juifs. Pacorus et ses Turs les   2848
assistrent en Iherusalem. Antigonus et Lissanias
furent au siege. Antigonus, apres fist moult
d'assaulx et d'effors, et dist a Hircanus et a
Pessellus qu'ilz venissent hors de la cité a   2852
parlement de paix, et que il s'en mettroit sus
Pacorus du tout. Les foys furent prinses de sauf
aler et de sauf venir. Marienne, la niepce
Hircanus, fille de sa fille qui femme estoit   2856
Herode, desloa a son baron l'issir hors et qu'il
ne se fiast ia en foy de Turs. Herodes l'en
creust, mais Hircanus et Passellanus yssirent
aux Turs comme folz, car Pacorus les livra si   2860
tost qu'il les tint a Antigonus, qui les
despouilla et baty aux esperons. A Hircanus
menga les oreilles aux dens, affin que jamais ne
peust estre evesque, puis y envoia un mire qui   2864
lui mist venim es plaies en lieu d'oignement, si
moru. Pessallanus s'escervela a une pierre
ainçois que Antigonus venist a lui occirre.
Il pensoit bien que Herodes le vengeroit, qui   2868
atoute sa compaignie s'en fouy de nuyt en
Massade son fort chastel, ou il laissa sa femme

---

[100]V$_3$: mena.

[101]V$_3$: Herodes ocist ce Malicus, si....

et son avoir, si s'en ala en Arrabe, et de la
ala querir l'aide des Rommains. Jossipus son   2872
frere garda sa mesgnie en Massade. En dementiers
Pacorus fist d'Antigonus roy et il se acquita vers
lui de l'or, mais les pucelles ne lui pot mie paier;
en bonne esperance le mist du remenant. Herodes   2876
amena secours des Rommains. Sosiuis assist
Iherusalem a grant gent, si prist Antigonus a
force, et l'envoia a Marcus Antonius a Athenes. Il
lui fendi le chief a une hache de sa main. Puis   2880
fut Herodes sires et roy de Iherusalem.

Comment Crassus et Pompeius et Cesar furent esleus a estre dictateurs

Apres le retour Pompee de Surie, dont nous
avons parlé ça arriere, establirent les senateurs
que Crassus et Pompeius et Cesar seroient dictateurs.   2884
Le peuple s'accorda a ces trois adfin que, se les
deux decordoient aux affaires du commun, le tiers
y meist concorde; les deux plus fors alassent hors
en batailles, le plus sage remainsist a Romme pour   2888
la cité conseillier. Celle baillie duroit cinq
ans; pour ce la receut Cesar voulentiers, car il
en doubtoit moins Luce Domice, qui le heoit et
consul estoit, laquelle baillie ne duroit que un   2892
an. Pompee remeist a Romme, qui assez avoit esté
hors en bataille. Crassus ala sur les Turs.
Cesar ala en France. Ainsi fu ordonné. Dix
legions ot Cesar. Une en y ot de gens françoise,   2896
que moult amoit; "aloe" estoit appellee. Il la
tint en guise de citoiens en rommaine franchise.
Ycy dirons selon Julian comment Julius
conquist France et Bretaigne.   2900

Comment France estoit devisee ou temps de Julius Cesar

France estoit grande au temps de Julius
Cesar. Elle estoit devisee en trois parties.
Les François qui mannoient en l'une des parties
estoient appellez Belgues; ceulx de la seconde   2904
partie Poitevins ou Acquitains, tout est un;
ceulx de la tierce Celte. Ces trois manieres
de François n'estoient pas d'un lignage[102] ne d'une
maniere de vivre. Belgues estoient les plus fors   2908
a ce temps et gens sans soulas et sans compaignie,
pour ce que loingtains estoient, ne marchans ne
autres gens ne repairoient gaires entre eulx, qui
apportassent choses de deduit qui les cuers des   2912
gens amoliast aucunes foiz. Voisins estoient
aux Sesnes qui les rendoient plus durs et plus
felons. Toute iour courroient les uns sur les
autres. Garonne queurt entre les Poitevins et   2916
ces François qui lors estoient appellez Celte.
Marne et Saine les departent des Belgues, car
deux yaues queurent entre ceulx et les Belgues.
Et une partie des Belgues appelloit on Helneçois,   2920
purement pour une yaue qui a nom Helne qui
queurt celle part. Le ruissel[103] estoit merchie
d'une part entre les Sesnes et ces Helneçois.
Le chief de ces Belgues qui n'estoient mie   2924
Helneçois commençoit au Rosne et s'estendoit
iusques a la mer d'occident; cellui pais des
Belgues estoit contre orient et contre
septentrion. Poitevins-Gascoings et Acquitains   2928
estoient des Gascoingne iusques aux pors d'Espaigne,

---

[102]V_3: langage.
[103]V_3: li Rins.

118

contre occident et septentrion; Celte estoient
François entre Saine et Marne par devers midy
et occident.

2932

Comment Orgetorix fu chief d'une coniuroison que les Helneçois firent

Entre ces Belgues que on clamoit Helneçois
ot un homme riche et noble; Orgetorix fu appellez.
Marcus Messalla et Marcus Piso estoient consulz,
quant il fist une coniuroison de noble jouvente
pour couvoitise d'avoir regne et seignourie.
Et jurerent entr'eulx les Helneçois par son
enhortement qu'ilz ystroient de leur terre atout
leur effort et que legierement pouoient estre
seigneur de toute France et le pays conquerir.
Ilz en crurent plus legierement Orgetorix, par
ce qu'ilz veoient ce tantet de terre qu'ilz
avoient fermee et enclose de toutes pars.
Durement en estoient plus fiers. D'une part
estoit le ruissel lez et parfont entre eulx et
Sessoigne; d'autre part avoit une haulte montaigne
nommee Yura par devers les François qui estoient
clamez Celte ou Secanois pour l'yaue de Saine.
Entre ces Helçanois et Poitevins de la tierce
partie avoit un parfont las, Lemainne l'appelloit
on, par devers Ytalie. Ces trois cloitures ne
laissoient pas aler les Helneçois a leur voulenté
pour bataillier aux estranges gens meismes; de
ce estoient ilz angoisseux et dolens. Trop avoient,
ce leur sembloit, estroites marches pour si grant
gens come ilz estoient et si fors et si glorieux
de bataille; car ilz estoient [digne] de plus
ample pays, car leur contree n'avoit de long que
mil pas, ne de large que ix^{XX} Aucuns dient que

2936

2940

2944

2948

2952

2956

2960

Helneçois et Brebançons estoient tout un, mais
l'yaue de Helne les faisoit appeller Helneçois.

La coniuroison fu affermee entr'eulx;
Orgetorix en fu chief. Ilz establirent a   2964
querir ce que mestier leur faisoit[104] a errer et
a leur proposement achever, si comme a acheter
voitures et autres choses, somiers, charrois et
a plenté, semer affin qu'ilz eussent assez blé   2968
quant au mouvoir vendroit, et confermer paix et
amour entr'eulx et les citez qui pres estoient
de leurs marches. L'espace de deux ans prindrent
a eulx appareillier, et donnerent loy que leur   2972
meuvete seroit au tiers an. O[r]getorix fu
esleu a pourveoir cest affaire. Il prist sur soy
la cure d'aler par les citez voisines pour
fermer aliances a eulx. En celle voie pourchaça   2976
Orgetorix plus son dommage que son preu. Il vint
a un hault homme, Castamento* avoit nom; son pere
avoit esté aussi comme roy de celle partie de
France qui estoit pres des Helneçois par devers   2980
Yura, la montaigne dont nous avons parlé, et avoit
son pere esté amis des Rommains. Leodes* avoit
nom. A ce Castamento enhorta Orgetorix qu'il
preist cuer et devenist roy de son pays comme   2984
son pere avoit esté. Ce meismes enhorta il a
Donnorix,* le frere Domiciacus,[105] les seigneurs[106]
d'Ostun, et lui donna sa fille a femme. "Siegneurs,
dist il a ces deux, je pourchaceray legierement   2988
que ie et vous serons seigneurs et roys de toute
France, se en vous ne remaint, par la force de

---

[104]V3: estoit.

[105]V3: Diviciacus.

[106]V3: le seignor.

ma gent, car ie vous seray en aide et tous les
Helneçois, qui sont gens de grant pouoir." Les   2992
seremens et les convenances furent faites entre
Orgetorix et Castamento et Donnorix de ceste
seignourie pourchacier. Bien cuiderent ces trois
pourchacier trois royautez sur trois les plus   2996
puissans princes de toute France, sur Belgues,
sur Celtes et Secanois, et sur Poitevins et
Acquitains.

    Les Helneçois sceurent la nouvelle que   3000
Orgetorix tendoit au dit fait faire, et que sans
leur sceu avoit fermé aliance a ces deux puissans
hommes pour devenir roy, et plus de leur conseil
descouvert que on ne lui avoit chargié. Si   3004
establirent que on lui donroit jour pour purgier
soy de ceste chose, et se il pouoit estre atains
de ceste chose, il seroit ars. Ilz lui
assignerent jour de venir avant. Orgetorix   3008
amena au jour tous ceulx sur qui il avoit point
de pouoir, si comme ses hostes, et ses sergens,
et tous ceulx qui de lui tenoient riens, neis
ceulx qui liez estoient vers lui de debtes tant   3012
que bien en y ot x^m, si que par leur force s'en
tourna ce iour sans raison rendre de chose qui
lui fust demandee. Les Helçanois manderent gens
partout a leur pouoir pour faire iustice a force   3016
de Orgetorix, mais il moru entre deux; et cuida
l'en bien que il se occeist pour la cremeur
des Helneçois.

    Oncques pour sa mort ne remest qu'ilz ne se   3020
esmeussent si comme ilz l'avoient pourpensé.
Quant ilz se sentirent appareilliez, et qu'il n'y
avoit que du mouvoir, ilz ardirent tous les
chastiaux et tous les reces privez et toutes les   3024

villes du pays: douze que citez que chastiaux et
iiij^c villes champestres, des privez manoirs
grant nombre. Ilz ardirent tout le froment, fors
cellui qu'ilz devoient avec eulx mener. Tout ce   3028
fu fait pour ce que chascun d'eulx ne eust
nulle esperance de retourner a son recet, ains
se habandonnast plus hardiement a tous perilz.
Ilz avoient farine moulue pour trois moys.   3032
Ceulx de Chernigne et assez d'autres gens
voisines s'acompaignerent avecques eulx et firent
de leurs villes autretel comme ilz avoient fait:
tout fu brullé.   3036
  Or n'avoient ilz que deux lieux par ou ilz
peussent yssir de leur terre. L'un estoit entre
le Rosne et le mont de Yura, qui estoit si estroit
que a paine y pouoit nulz chars passer. Cellui   3040
lieu estoit par devers François-Secanois ou Celte.
Eu[107] pou de gens puissans pouoient ce passage
deffendre a demy le monde, car le Rosne estoit
roide et parfons et la montaigne haulte a   3044
demesure. L'autre lieu estoit par devers Gennes,
la endroit ou le Rosne courroit entre Bourgoingne
et le pays a ces Helneçois. Illec estoit la
leur yssue moult tres plus legierement que en   3048
l'autre situee, car on pouoit bien la passer la
riviere du Rosne en plusieurs lieux. Gennes
estoit lors la derreniere cité de Bourgoingne
laquelle estoit si prouchaine des Helneçois que   3052
un pou[108] de la ville appartenoit a eulx, qui
dessevroit eulx et la Bourgoingne. Les Helneçois
cuidoient attraire a eulx et enhorter les

---

[107]V₃: un.
[108]V₃: ponz.

Bourgoingnons, qui en nulle maniere n'avoient 3056
pas bonne voulenté envers les Rommains, ad ce
qu'ilz leurs ottroiassent legierement le
passaige, et leur distrent que se ce ne leur
ottroioient, ilz les contraindroient malgré 3060
eulx a souffrir le passage et le trespas. Le
jour fu nommé et fut ou mois de mars, cinquiesme
jour devant les kalendes du moys d'avril, que
ilz devoient venir tous ensemble sur la rive 3064
de la riviere du Rosne pour la passer. Lucius
Piso et Aulus Gabinius estoient lors consulz.

Cy apres s'ensuit comment Julius Cesar se parti hastivement de Romme pour
venir contre les Helneçois en France et de ses grans prouesces

Cesar oy la nouvelle que les Helneçois
vouloient passer par la province que les senateurs 3068
et les consulz lui avoient ottroiee a gouverner;
si s'en vint de Romme batant a grans journees
si comme il pot faire, iusques a Gennes; a tant
comme il pot assembler de chevaliers ou pays il 3072
assembla une seule legion qu'il avoit, et fist
erramment trenchier le pont entre Gennes et les
Helneçois. Quant les Helneçois furent certains
de la venue Cesar et qu'il estoit a Gennes, ilz 3076
envoierent a lui de leurs messages des plus
nobles citoiens. Nemius* et Vericloteus* furent
principaulx. Et distrent ceulx a Cesar de par
leur commun qu'ilz vouloient passer par sa 3080
province sans entencion de son nuysement et sans
voulenté de nul mal faire a la terre. Pour ce
qu'ilz n'avoient ailleurs par ou passer, ilz
requeroient que par amours les laissast passer. 3084
Ne sembla pas a Cesar qu'il leur deust ottroier,

car ilz avoient fourfait vers les Rommains. Bien
remembroit a Cesar comment ilz avoient jadis
occis Lucius Cassius, un consul rommain, et son 3088
ost prinse, desrompue et dechacié; ne ne cuidoit
pas que gens si malicieuses se tenissent de mal
faire par la ou ilz passeroient, s'ilz avoient
congié de passer. Nonpourquant il respondi aux 3092
messages qu'il s'en conseilleroit voulentiers,
et retournassent a lui es ides d'avril, et il
leur en respondroit lors.

    Mais il ne queroit l'espace fors que ce que 3096
ses chevaliers fussent venus qu'il avoit mandez de
partout. En dementiers, Cesar fist faire un mur
de xv. piez de hault et bons fossez tout endroit
le trespas; et bretaiches y fist et mist bonnes 3100
gardes dedens, ainsi com ses chevaliers venoient
plus et plus, pour deffendre, se ce venist la que
les Helneçois y voulsissent passer contre son
vouloir. Les messages aux Helneçois revindrent 3104
au jour nommé pour oir la response Cesar. Et il
respondy qu'il ne leur pouoit pas le passage
ottroier, car les Rommains n'avoient pas acoustumez
a abandonner passages par les provinces qui 3108
estoient dessoubz eulx; et, se ilz vouloient
passer a force, il leur deffendroit a son pouoir.
Les Helneçois se tindrent pour deceuz du jour
qu'ilz avoient recueilliz. Toutes voies ilz 3112
firent nefz et les assemblerent ou Rosne, jointes
les unes aux autres comme pons. Souventes fois
se essaierent a passer par jour et par nuyt et
par ces nefz et parmy le Rosne, la ou ilz 3116
pouoient gué trouver. Mais ilz ne porent, pour
les chevaliers que Cesar avoit la mis, qui leur
yssirent a l'encontre et les faisoient retourner

aux espees et aux dars vertueusement.   3120

      Lors n'y ot mais que cellui estroit trespas
devers les Secanois, oultre le Rosne et le mont
de Yura, la voie seulement d'une charrette; la
les couvint vertir. Mais ja n'y passassent se   3124
le Secanois [nel] voulsissent. Ne les Secanois
ne leur vouldrent pas ottroier ains que Donnoris
d'Ostun leur en priast, qui estoit de grant
pouoir entre les Secanois et amy des Helneçois   3128
pour sa femme, qui de leur pays estoit, fille
Orgetorix dont nous avons parlé. Cilz Donnorix
beoit moult a estre roy, et attraioit moult d'amis
par dons et par parolles et toutes les citez. Il   3132
s'entremist de requerir les Secanois du passage.
Les hostages en furent donnez d'une part et
d'autre, que ilz les lairoient passer aseur et
qu'ilz ne leur feroient dommage quant ilz   3136
seroient passez.

      La nouvelle vint a Cesar que les Helneçois
avoient en voulenté de passer par devers les
Secanois et d'aler ou pays de Saintes et de   3140
Poitou; et la cité de Saintes n'estoit pas moult
loing de Thoulouse, qui estoit en la province
que Cesar avoit en garde. Et se ce avenoit, il
ne pouoit estre que ce ne fust au dommage de la   3144
terre ou ce peuple batailleroit et les ennemis
des Rommains seroient voisins, pour ce mesmement
que le pays estoit plantureux de blez; si
vouldroient tout fourrer. Et lors laissa Cesar   3148
en son lieu Tytus Labienus et lui commanda atant
comme il avoit de ost et la garnison qu'il avoit
fait faire sur le Rosne pour le passage deffendre
aux Helneçois, et il s'en ala en Ytalie a grans   3152
journees et concueilli deux legions et mist en

escript, et trois legions qu'ilz avoient entour
Aquilee appella avec, si s'adreça vers France
atout ces v. legions par les haulx pais devers   3156
Besençon. Il ot assez d'encontre de plusieurs
manieres de gens qui cuidoient son erre empeschier,
mais il les tresparca tous par plusieurs batailles
et vint malgré eulx au vij.^{e} iour ou pays de   3160
Besençon. De la s'en ala par Bourgoingne droit
en Sençonnois oultre le Rosne.

    Les Helneçois estoient ja passez oultre les
destrois des Secanois avec tous leurs conrois et   3164
leurs harnois, et estoient venus vers Ostum et
aloient gastant et exillant toute la contree et
les champs gastant et desnuant. Ceulx du pais
d'Ostum ne se pouoient deffendre, si envoierent   3168
a Cesar et lui prierent son aide: "Sire, distrent
leurs messages a Cesar, ceulx du pays d'Ostum ne
cuidoient pas avoir desservy vers Romme que vous et
vostre ost les doiez laissier exillier devant vous   3172
illec assez pres, mais eulx secourre. Aidiez
eulx, ce vous prient et requierent. Tant cuident
avoir desservy vers Rommains que vous ne les devez
pas laissier mener en exil < du tout > leurs femmes,   3176
leurs enfans, envahir leurs chastiaulx et leurs
villes gaster." Apres firent autel les Embarrois,
qui parens et voisins estoient a Ceulx d'Ostun.
Cesar estoit tout certain que, se il atendoit   3180
tant que les champs et le pays fussent gastez,
il ne pourroit pas si legierement les chastiaulx
garder contre les Helneçois. D'autre part, les
Bourgoingnons qui habitoient oultre le Rosne par   3184
devers Ostum s'en fuirent a Cesar et lui distrent
que rien ne leur estoit remez fors seulement le
fons de leur terre: tout avoient les Helneçois.

Lors ne pot Cesar plus attendre, car il veoit 3188
bien que les compaignons des Rommains seroient
dommagiez, se ceulx avoient bandon d'aler en
Santongne a leur voulenté.

    Il avoit une yaue celle part ou les 3192
Helneçois estoient ja venus pour passer vers
Santongne ou ilz cuidoient aler. Celle yaue
courroit si souef que a paine pouoit on chosir
de quelle part elle courroit. Arar avoit nom, mais 3196
on l'appelle ores Sosne. Les espies Cesar lui
avoient fait savoir que les trois parties des
Helneçois avoient ja passez Sosne a pons de nefz
qu'ilz avoient jointes ensemble, et la quarte 3200
partie d'eulx estoit arriere sur la rive pour
passer. Cesar se parti des tentes tout de nuit
avec .iij. legions si tost qu'il sceut ces
nouvelles. Il vint la, ja estoit pres de 3204
mienuit, et trouva ceulx qui n'estoient mie
encore passez, si les escrierent, et se ferirent
entr'eulx Cesar et les siens. En firent grant
occision d'eulx, car ilz furent seurprins, et 3208
ne s'en donnoient de garde. Ceulx qui eschapper
porent s'en fuirent et mucerent en boys, la
ou ilz porent, car ilz n'orent oncques aide des
leurs qui ia estoient passez. Tous les Helneçois 3212
estoient en quatre parties divisez. Celle quarte
partie qui la fu desbaretee appelloit on Tygurius. *
Ce furent ceulx mesmes qui avoient occis Lucius
Cassius, le consul rommain, et son ost desconfite 3216
et prinse. Par ycelle maniere en fu Romme vengee.
Ceulx le comparerent premerens. Cesar meismes y
fu vengiez d'un sien amy Luce Pison, que les
Tigurins avoient occis en celle meisme bataille 3220
ou Lucius Cassius estoit cheuz.

Comment Cesar fist faire un pont sur Sosne pour passer son ost

Apres celle desconfiture de ces Tygurins,
Cesar fist faire un pont pour passer apres les
autre[s] Helneçois, et mist oultre toutes les   3224
legions en assez petit de temps. Les Helneçois,
quant ilz parceurent la venue Cesar si soudainement,
qu'il avoit fait en seul jour ce ou ilz avoient
mis xxx. jours entiers a passer la Sosne, ilz   3228
furent durement esbays, et manderent maintenant
a lui leurs messages. Divite en fu un qui duc
avoit esté des Helneçois en la bataille ou Lucius
Cassius avoit esté occis. Divite parla a Cesar en   3232
ceste fourme: "Nous sommes ça a toy envoiez des
Helneçois. Ilz requierent paix et mandent menaces.
Se les Rommains veulent faire paix a eulx, ilz
sont prests d'aler et d'estre ou que Cesar vouldra   3236
que ilz demeurent. Et se les Rommains veulent a
eulx bataillier, toutes fois remembrez vous de
leur ancienne vertu. Souvengne vous comment les
Helneçois occirent Lucius Cassius et desconfirent   3240
tout son ost. Se Cesar a desconfite une partie
d'eulx, qui nulz secours ne pouoient avoir des
autres qui passez estoient, ne le tiengne pas a
grant vertu ne a grant prouesce, ne pour ce ne   3244
les ait pas en despit; car ilz ont esté si apris
de leurs ancesseurs, que ilz n'ont cure de vaincre
se par force nom ou par vertu, ne scevent riens
d'engin ne d'agait; d'aperte vertu veulent ouvrer.   3248
Et pour ce tu, Cesar, dit Divite, ne commence pas
chose dont le lieu ou nous assemblerons a toy ait
permanable nom et te remembre de l'occision que
nous ferons des Rommains si vient a la bataille."   3252
Cesar respondi a ces parolles et dist: "Plus

me membre de l'ennuy et de la honte qui avint aux
Rommains selon vostre recort, sans ce qu'ilz
l'eussent desservy en rien, de tant doubte ie   3256
moins les Helneçois, et plus m'est grief devant
que vengence en soit prise ou par moy ou par autrui.
Et se les Rommains cuidassent avoir riens meffait,
ilz se feussent legierement gardez d'eulx; mais   3260
en ce furent deceuz car ilz n'avoient en riens
forfait, ne garde ne cuidoient avoir sans leur
forfait. Et s'ilz l'avoient ores oubliee la
vieille honte qu'ilz avoient fait aux Rommains,   3264
la nouvelle qu'ilz faisoient de passer parmy sa
province ce ne lui pouoit pas yssir du cuer, et
ce qu'ilz avoient fraiez ceulx d'Ostun et les
Ambarrois et les autres Bourgoingnons, qui estoient   3268
ses amis et ses aliez. Ne se glorifiassent mie
en leurs victoires seulement, qu'il ne leur en
mesavenist, et que plus souffroit la vertu
divine d'un homme ou d'un peuple le forfait et   3272
plus le laissoit regner en son pechié, de tant
pouoit il plus doubter le maltalent du ciel
cilz qui n'avoit encore son meffait comparé;
car les dieux, ce dit Cesar, ont acoustumez de   3276
plus aigres vengences prendre de ceulx que ilz
ont plus longuement souffert. Parmy tout ce,
dist il, se ilz vouloient donner ostages pour
le faire plus certain qu'ilz feroient leurs   3280
promesses et qu'ilz amenderoient le forfait a
ceulx d'Ostun et a leurs autres amis qu'ilz
avoient robez et fraiez, il feroit voulentiers
paix egal." Divite respondi: "Les Helneçois   3284
n'ont pas acoustumé ne ne tiennent pas de leurs
ancesseurs a donner ostaiges, ainçois les veulent
recevoir; de ce traient a tesmoings le peuple

de Romme meisme." Il s'en retourna sans plus 3288
dire.

    L'endemain cueillirent leurs tentes et se
partirent de leur lieu. Cesar fist autretel,
et tous les hommes a cheval de sa compaignie 3292
qu'il avoit concueillis par sa province et entour
Ostun <et> envoia apres pour savoir quel part ilz
vertiroient. Environ iiij^{m} estoient ceulx que
Cesar envoia apres; mais ilz furent plus hastifz 3296
d'assembler que Cesar ne leur avoit commandé,
si se ferirent en la queue aux Helneçois. Mais
ceulx se retournerent pour deffendre, et
abatirent aucuns des hommes Cesar. Les Helneçois 3300
en furent assez plus haultains et plus fiers de
ce que v^{c} chevaliers des leurs avoient soustenu
a la queue de leur ost iiij^{m} des [hommes] Cesar, si que
souvent ceulx qui estoient en leur arriere garde 3304
se tournoient vers la mesgnie Cesar et leurs
mouvoient aigres assaulx. Mais Cesar retournoit
sa gent et ne les laissoit assembler en ce point.

Comment ceulx d'Ostun delaierent a baillier le froment qu'ilz avoient promis a
Cesar

    Assez souffisoit a Cesar de ce que les 3308
Helneçois n'osoient courre en fourrage par la
terre pour doubte de lui. En ceste maniere
errerent xv. jours, si que il n'avoit au plus
que v. ou vj^{m} pas entre le front de la gent 3312
Cesar et la queue de l'ost aux Helneçois.
    Cesar demandoit chascun iour a ceulx
d'Ostun froment qu'ilz lui avoient promis a
departir en commun a ses chevaliers, car les 3316

fromens estoient trop jeunes es champs, ne ilz ne
trouvoient encore pasture souffisant, pour ce
que le pais estoit tardis pour la froideur; ne
Cesar ne pouoit pas avoir a sa voulenté cellui   3320
froment qu'il avoit fait venir par la Sosne,
car les Helneçois avoient ja moult eslongniee
la riviere et Cesar les aloit suivant de pres,
car il ne les vouloit pas laissier departir   3324
de soy. Ceulx d'Ostun prenoient respit de iour
en jour et disoient: "Lors sera le froment paié;[109]
lors viendra sans faille." Quant Cesar vit leur
alougnement et que le iour estoit pres que le   3328
froment devoit estre mesurez a ses chevaliers
pour departir entr'eulx, il appella a soy le
maistre de ceulx d'Ostun, dont les plusieurs
estoient en son ost. Diviciacus et Lisecus[110]   3332
estoient les souverains, car ilz avoient une
puissance que on remuoit d'an en an. Vergobretes
les nommoit on. Ceulx avoient pouoir de sauver
et de dampner qui qu'ilz vouloient tant comme   3336
ilz estoient en celle baillie. Cesar les
reprint et blasma aigrement, et se plaingny de
ce qu'ilz ne lui faisoient nulz secours de
vitaille ne a sa gent a ce besoing; on ne   3340
trouvoit point de blé a acheter ne point n'en
avoit es champs, et pres de leurs ennemis estoient,
a qui ilz avoient emprise bataille en partie
pour leur amour, et de ce mesmement qu'ilz   3344
failloient du couvenant du blé que promis
avoient a ses chevaliers.

    Lisecus respondi: "Sire, dist il, telz y

---

[109]V₃: prez.
[110]V₃: Liscus.

a qui sont de greigneur pouoir ou peuple que   3348
nous ne sommes. Ceulx destournent le peuple
par menaces et par espoventemens, si que le
froment ne puet estre paié ne assemblé; et font
entendant au peuple que, se les Rommains avoient   3352
eue la victoire des Helneçois, ilz ne leurs
tendroient pas leurs franchises non pas seulement
a ceulx d'Ostun, mais a toute France; et le
nouvel conseil qui est en cest ost renonce aux   3356
Helneçois. Ne ceulx, dist Lisecus, ne puis ie
contraindre, ains en dy ce que i'en dy a grant
peril pour moy; et pour ce que ie y entendoie
peril, m'en suy ie teu si longuement. Ores le   3360
dy, car ie ne puis en avant."

Comment Cesar pardonna a Donnorix plusieurs grans forfais a la priere Diviciacus son frere

Cesar s'apparçut bien que Lisecus entendoit
et disoit ce que dessus est dit pour Donnorrix le
frere Diviciacus; mais pour ce qu'il ne vouloit   3364
pas que tous sceussent son conseil, il departi
le conseil de ceulx qui la estoient, et retint
Lisecus et lui demanda priveement toute la chose.
Lisecus lui recongnut tout ce qui estoit de   3368
Donnorrix qui estoit si hardy et de si grant
pouoir ou peuple que nul n'osoit aler contre
lui de rien, car il avoit si la grace de tous
par sa liberalité et par sa largesce et par son   3372
bel parler, que tous le suivoient et vouloient
ce qu'il vouloit. Les grans possessions et
les richesces avoit acquises par les paages
et les voitures et les travers, qui tous estoient   3376
en sa main, de quoy il pouoit grant largesce

faire pour les gens attraire a s'amour et
pour beer a nouvelles honneurs par l'assentement
du peuple; et grant nombre de chevalerie avoit　　　　　3380
tousiours entour soy, qu'il maintenoit en toutes
choses de son avoir.　Ne de celle grace ne de
ce pouoir n'estoit pas seulement en son pais,
mais en plusieurs autres lieux, en citez et en　　　　　3384
villes ou il avoit ses largesces monstrees.
Pour sa puissance exaucier loing avoit il sa
mere mariee a un puissant homme de Bourges en
Berry, et il avoit sa femme prinse en Helneçois,　　　　3388
la fille Orgetorix, qui noble homme avoit esté.
Et pour celle affinité amoit il les Helneçois.
Sa suer et ses autres parentes avoit mariees
en autres citez pour soy exaucier.　Il heoit　　　　　3392
les Rommains et nommeement Cesar, car il lui
sembloit que sa puissance estoit amenuisee
par eulx, et que Diviciacus son frere remontoit
en grace et en honneur par leur aide, qu'il　　　　　3396
avoit mis arriere a son pouoir pour soy avancier.
Et se il mesavenist aux Rommains en celle
bataille, en grant esperance estoit de regner
par l'aide des Helneçois; et se les Rommains　　　　　3400
estoient au dessus, il cuidoit perdre l'esperance
de regner et atant de grace comme il avoit
avec tout ce.　Ce mesmes demanda Cesar
priveement aux autres, se voirs estoit ce que　　　　　3404
Lisecus lui comptoit.　Il fu dit a Cesar que
Donnorris avoit esté cause de la desconfiture
de ces iiij^{m} chevaliers qui s'estoient ferus
en la queue des Helneçois, car ceulx d'Ostun　　　　　3408
avoient envoiez chevaliers en l'aide Cesar et
Donnorrix les guioit, qui s'en fouy premier et
les siens apres, dont il avint que tous les

autres fouirent par leur exemple et en cheirent   3412
les aucuns.

    Quant Cesar congnut ce et sceut que
Donnorris avoit conduit les Helneçois par le
trespas aux Secanois et s'estoit entremis des   3416
ostaiges donner et prendre d'une part et d'autre
sans le commandement et sans le sceu a ceulx
d'Ostun, et que le maistre de sa cité meismes
l'accusoit de tant de choses, bien lui sembloit   3420
bonne chose que il en feist iustice ou qu'il la
feist faire a ceulx d'Ostun. Mais une seule
chose l'en retraioit: l'amour de son frere,
qu'il avoit moult esprouvé et trouvé veritable,   3424
juste et loyal vers soy. Ains qu'il en feist
plus, lui compta toutes ces choses que on lui
avoit dites en conseil et priveement de Donnorrix,
son frere. Illec fu Valerius,* le prince de   3428
Troiessin, qui tout recorda, pour ce qu'il estoit
de son lignage[111] et familier et amy Cesar et a
Diviciacus; il n'amoit gaires moins l'un que
l'autre. "En ceste maniere, dist Cesar, c'est   3432
Donnorrix ton frere: ou tu establis que on face
iustice de lui, ou tu faces le establir aux
citoiens."

    Lors embraça Diviciacus Cesar en plourant   3436
et lui dist: "Beau sire, bien sçay que tout ce
est voir quanques vous avez ouy de mon frere, et
que ce pouoir et celle richesce ou il est montez
lui tourneroit a dommage, car il n'en use pas par   3440
raison. Mais pour Dieu vous prie toutes voies
que vous ne faciez chose a mon frere de grief
iustice qui a honte me tourne ne dont le peuple

---

[111]V₃: langage.

m'ait en mauvaise souspeçon; car tous scevent 3444
bien que ie suy si vostre amy, que se iustice
en estoit faite, que nul ne croiroit que ce
ne fust par mon assentement. En ceste maniere
cy aroie la male voulenté de tous ceulx de France. 3448
Quelz qu'il i soient, toutes voies est il mon
frere: je ne puis faire de ma folie sagece,
mais que en avoir douleur a mon cuer. Ja soit
ce que mon frere tende a moy mettre arriere 3452
a son pouoir, et ie vueil tousiours faire a lui
comme frere, et ma renommee garder vers le
peuple." Si comme Diviciacus disoit et ce et
autres choses en plourant, Cesar le print par 3456
la destre qui le conforta et dist que ce laissast
a tant, car il l'amoit et avoit sa grace et que,
pour amour de lui, pardonneroit a son frere ce
qu'il avoit mesprins vers lui et vers le commun 3460
de Romme. Lors appella Donnorrix a soy, et le
chastia et reprinst devant son frere et lui
recorda toutes ses mesprisons et quanque il avoit
oy de lui. "Toutes ces choses, dist il, te sont 3464
pardonnees par la priere ton frere; mais or t'en
contien si bien desormais, que on n'en puisse oyr
nulle male renommee de toy." Lors bailla Cesar
gardes a Donnorrix, qui lui sceussent a dire 3468
ce qu'il feroit et a quiconques il parleroit.

Comment les Rommains desconfirent les Helneçois

Ce meisme iour fu noncié a Cesar que les
Helneçois s'estoient logiez au pié d'un mont, a
viij^m pas de son ost. Il envoia savoir quelle 3472
estoit la maniere du mont et se il estoit aisier
a monter. Denoncié lui fust que legier estoit a

monter. Cesar commanda erramment a Titus Labienus
qu'il preist deux legions, si alast et pourprinst   3476
celle montaigne iusques au sommet. Il lui bailla
telz qui bien le sceurent guier, car il estoit
plus de mienuit, et son conseil leur dist. Il
se parti des tentes et se mist apres les Helneçois,   3480
si comme ilz estoient alez, et toute chevalerie
chevaucha devant soy. Considius,* un chevalier
qui moult savoit assez de guerre et avoit esté
en l'ost avec Lucius Silla, et puis avec Marcus   3484
Crassus sur les Turs, fu envoiez avant et autres
espies avant, pour la chose encerchier.

    A l'aiournement, Titus Labienus ot la
montaigne sasie; mais Considius cuidoit que ce   3488
fussent les Helneçois, si s'en vient a Cesar, et
lui noncie que les Helneçois avoient le tertre
pourprins: bien le congnoissoit aux enseignes
et aux armes. Cesar a ce point n'estoit loing   3492
des Helneçois que mil et v^c pas, qui rien ne
savoient de sa venue ne de la venue Labienus,
car les prisonniers lui distrent puis. Mais
il se retray vers un tertre voisin a tout son   3496
ost, et a tout son effort, par ce que Considius
lui avoit ainsi dit. En ce tertre ordonna ses
eschielles. Labienus attendoit ou tertre d'autre
part, sans plus faire, comme cellui qui avoit   3500
eu commandement de Cesar qu'il n'assemblast en
bataille pour rien devant que le sentiroit pres
de l'ost aux Helneçois. Quant le iour fu aucques
esclarcis, Cesar congnut par ses espies que   3504
Labienus et les siens avoient pourprinse la
montaigne et que les Helneçois s'estoient
deslogiez et parti de la. Lors sceut bien que
Considius avoit esté deceu, et par paour lui   3508

avoit[112] entendant mençonge pour verité.

Ce jour meisme suivy ses ennemis et si
n'avoit que deux jours iusques au point que la
livroison du froment devoit estre livree et   3512
baillié a ceulx de l'ost; Cesar s'appareilla a
pourveoir ou le blé seroit prins, et fist guenchir
tout l'ost vers un chastel planteif de la voierie
d'Ostum, fors du chemin que les Helneçois   3516
tenoient. Qui fuituifz estoient eschappez de
costé, ilz le noncerent aux Helneçois, et
cuiderent que les Rommains s'en fuissent de
paour, pour ce mesmement qu'ilz n'estoient   3520
encore assemblez a eulx, quant Labienus ot saisié
la montaigne dessus eulx, qui estoient au
meilleur de la bataille pour le tertre. Ilz
cuidoient, ou que les Rommains descendissent a   3524
eulx pour les forclorre du pays ou ilz se traissent
pour fourrer avoines et viandes; sy yssirent de
cel chemin qu'ilz avoient entrepris et s'en
tournerent apres Cesar, et aloient l'arriere   3528
garde assaillant et la queue au[x] Rommains, et
faisoient leurs pointes et leurs courses a eulx.

Quant Cesar apparçut cest affaire, il fist
traire toute sa gent a pié vers un tertre qui   3532
pres estoit, et toute la chevalerie mist par
devers ses ennemis pour l'assault soustenir. Il
ordonna trois batailles en son le tertre, non pas
ou sommet, mais ou milieu du mont. En son ost   3536
avoit une legion de ceulx qui [estoient] plus
usaigiez de guerre. Tout en son du tertre
ordonna deux legions de nouvelles gens qu'il

---

[112]V₃: avoit fet.

avoit mis en bref oultre les Arpes[113] par devers   3540
Ytalie. Toute l'autre mesgnie ençaint le mont
de toutes pars. Puis fist Cesar tout son harnois
mettre ensemble et garnir de bonnes gardes de
ceulx qui estoient plus en hault. Les Helneçois   3544
fuirent apres a tout leur charroy, et mistrent
ensemble tout leur harnois, et puis se mistrent
ensemble serreement les escus par devant eulx
l'un joint a l'autre, comme la couverture d'un   3548
toit, si tenoient les testes par dessoubz, les
glaives et les espees as mains; si envahirent
si aigrement les chevaliers Cesar, qui les
trespercerent au premerain assault et parvindrent   3552
a la premiere bataille que Cesar avoit ordonnee
ou sommet du tertre.

Cy parle comment les Helveçois s'en fuirent tous desconfis

Quant Cesar vit ce, il mist pié a terre de
son destrier et fist descendre tous ses   3556
compaignons et guerpir leurs chevaulx pour
eulx tollir toute esperance de fouir, et que
tous les siens fussent en ce peril; si enhorta
toute sa gent a bien faire, et a assembler a   3560
eulx. Les Helneçois tenoient leurs escus sur<s>
leurs chiefz, ainsi comme nous avons dit; mais
la gent Cesar, qui furent au dessus, leur
lancerent leurs dars trenchans a effort. Ilz   3564
orent tost trespercee leurs panages:[114] et
clamoient les François telz atiremens escus.
Si tost que le panage fu rompus, les Rommains

---

[113]V₃: Alpes.
[114]V₃: phalange.

leurs vindrent sus aux espees, et l'estour 3568
commença si aspre et si mortel que trop tourna
a grant nuisement aux Helneçois, car leurs escus
s'entretenoient deux a deux, trois a trois, et
plus assez, par les dars qui estoient venus 3572
d'amont et les avoient tresperciez et cousus
penne a penne, si que les fers y estoient
reploiez tellement qu'ilz ne pouoient leurs
escus desaerdre. Et pour ce se combatoient ilz 3576
a meschief. Moult en y ot qui sachoient leur
senestre bras a eulx et guerpissoient leurs
escus, et combatoient a descouvert. A la parfin,
quant il en y ot assez d'occis et plus de plaiez, 3580
ilz se commencerent a retraire et a estendre
vers un mont qui estoit assez prez. En ce
mont n'avoit que mil pas; si monterent tous illec,
et les Rommains apres. Borois et Turingois, 3584
qui estoient en arriere garde, quoy que les
Helneçois montoient ou tertre, s'assemblerent[115]
Rommains de costé et les commencerent a enclorre.
Quant les Helneçois virent ce, ilz se ralierent 3588
et commencerent l'estour, car il y avoit bien xv^{m}.
que Barrois que Turingois en leur arriere garde,
qui la bataille avoient commencee vers les
Rommains qui les suivoient. Cesar leur laissa 3592
courre trois parties de conrois des <sa> muelz
armez.

La bataille fu aigre et doubteuse, car ilz
se entreoccioient d'une part et d'autre et 3596
plaioient si que doubtance y avoit grant lesquelz
en avroient du meilleur. De leur iouste ne fait
mie a parler, car ilz avoient mis leurs chevaulx

---

[115]V$_3$: si saillent et assaillent.

arriere pour tollir matiere de fouir; et estoient 3600
tout de pié. Grant fu l'estour. Au derrenier
guenchirent les Helneçois: l'un s'en fouy en la
montaigne, les autres a leurs harnois. La
bataille fu dure des la septiesme heure du jour 3604
iusques au vespre, si que l'un ne veoit l'autre
pour la nublesce et pour la poudre. Les Rommains
les enchaçoient iusques aux harnois, et se
combatirent illec grant piece de nuit, les 3608
Helneçois[116] d'en hault sur eulx. Et se mettoient
entre les roes du charroy dessoubz panneaux et
dessoubz aultres harnois, tant qu'ilz plaieret
plusieurs des hommes Cesar. Ne oncques pour ce 3612
ne porent avoir du champ le meilleur, pour aide
que pavois ne charroy leur feist a deffendre.
Ains fu illec prinse une des filles Orgetorix
mariee, et un des filz avec. De cel estour 3616
eschapperent bien cent et xxx.[m] que hommes, que
femmes, que enfans; car les Rommains ne les
pouoient pas suir pour Cesar qui les fist
seiourner tant que les mors fussent ensevelis 3620
des siens et les bleciez reposez. Les Helneçois
ne finerent oncques d'aler ne d'errer tant comme
celle nuyt dura et l'endemain et au tiers jour
tant qu'ilz vindrent vers Lengres au quart jour. 3624
Mais Cesar envoia lettres a ceulx de Lengres
qu'ilz ne feissent a ses ennemis nul secours
n'en viande n'en autre chose, et que se ilz
le faisoient, il les tendroit pour ennemis 3628
aussi bien comme eulx.

---

[116]V[3]: Li Helveçois lancoient.

Comment les Helneçois qui estoient eschappez se rendirent a Julius Cesar

Au tiers jour apres la bataille, print
Cesar a suir atout sa gent. Les Helneçois qui
s'en fuioient < les quelz > estoient cheuz en si   3632
grant besoing de toutes choses qui appartenoient
a leur soustenement, qu'ilz envoierent a Cesar
leurs messages qu'ilz estoient prestz d'eulx
rendre et de faire son commandement. Les   3636
messages encontrerent Cesar, qui venoit a esperon,
et lui cheirent aux piez en plourant et lui
requistrent paix. Cesar leur commanda que ilz
l'atendissent ou lieu ou ilz estoient, et eulx   3640
si firent. Quant il parvint a eulx, il leur
demanda hostaiges et qu'ilz lui rendissent les
serfs fuitifz qui s'en estoient avec eulx fouys
de l'ost aux Rommains, et commanda qu'ilz   3644
rendissent leurs armes. Si commme Cesar ot ces
choses demandees, la nuit apres yssirent vj^{m}.
hommes des tentes aux Helneçois, ou pour paour
de perdre les vies et d'estre tourmentez s'ilz   3648
avoient leurs armes rendues, ou pour eschapper
sans le sceu des autres en si grant tourbe de
gens, et s'en vindrent droit au ruissel par
devers Soissoigne.   3652

Quant Cesar sceut ceste raison et ceste
chose, il manda a tous ceulx par qui terre ilz
estoient passez qu'ilz les queissent et
ramenassent arriere se ilz vouloient estre purgiez   3656
vers lui. Quant ilz furent ramenez, Cesar les ot
ou nombre de ses ennemis. Tous les autres qui ne
s'estoient meuz receut en paix si tost comme
ilz orent les hostaiges donnez et leurs armes   3660
bailliez et les fuitifz rendus. Il commanda

qu'ilz s'en alassent arriere en leurs lieux
dont ilz estoient yssus. Et pour ce qu'ilz
n'avoient froment ne autre soustenement, il
commanda a ceulx de Bourgoingne qu'ilz leur
pourveissent d'une habundance de froment, car
ilz n'avoient rien laissié en leur lieu dont
ilz estoient meuz. Et lors dist Cesar aux
Helneçois: "Alez, si refaites et villes et
chastiaulx la ou vous les avez ars en vostre
pais." Pour ce le fist qu'il ne vouloit pas
que le pais dont ilz estoient yssus demourast
vuit, ne que les Sesnes d'oultre le Rin s'i
embatissent pour la terre qui bien portant
estoit et fussent voisins a la province de
Bourgoingne et de France. Ceulx du pays d'Ostun
retindrent entr'eulx par l'ottroy Cesar les
Boiois compaignons aux Helneçois, pour ce qu'ilz
estoient vertueuses gens, et leur donnerent
champs et possessions et les accompaignerent
a ytelle franchise comme ilz avoient.

    On trouva unes tables aux tentes aux
Helneçois, qui furent apportees a Cesar. Lettres
y avoit de Grecz, qui monstroient la somme des
Helneçois et quans milliers en estoient yssus
de leurs pays. La some fu, que d'ommes, que de
femmes, que d'enffans ccc.lxviij^{m}; nonante
deux milles en y ot qui estoient armes portans.
De toute ceste some ne repairerent en leurs
hostelz que cent et x^{m}, car Cesar les fist nombrer.

3664

3668

3672

3676

3680

3684

3688

Cy est la complainte que les François firent a Julius Cesar contre le roy Ariovistus

Quant Cesar ot les Helneçois domptez en
ceste maniere, les seigneurs des citez pres que   3692
de toute France vindrent a lui pour joye faire.
Ilz entendoient bien que fortune n'avoit pas
donnee celle victoire a Cesar seulement pour
vengier la honte que les Helneçois avoient   3696
faite jadis aux Rommains en la desconfiture
Lucius Cassius, mais au commun prouffit de
toute France; car les Helneçois n'avoient
guerpis leurs lieux, qui plains estoient de   3700
tous biens, que pour mettre toute France soubz
leurs piez si grant comme elle estoit en trois
parties, et pour estre seigneurs de tout et
pour faire du pays a leur voulenté; car ilz   3704
cuidoient eslire a leur plaisir pour habiter es
plus plantureux lieux de France, et les autres
citez faire rendre treuz a eulx. Tous requirent
a Cesar qu'il leur donnast licence d'assembler   3708
un concille a un certain jour, car ilz avoient
a traittier de plusieurs choses qu'ilz lui
vouloient requerir en commun. Cesar leur ottroia,
et jurerent entre eulx que nul ne descouverroit   3712
le conseil du concille se a ceulx non a qui il
seroit commandé.

Le concille fu establi et tenu. Apres le
depart revindrent a Cesar les princes des citez   3716
qui avant y avoient estez, et lui requirent
qu'il les laissast parler en secret a lui du
commun de toute la terre et du salut. "Voulentiers,"
dist Cesar, et les traist a part. Ceulx lui   3720
cheirent aux piez en plourant et lui distrent

que celle chose dont vouloient parler a lui fust
bien celee iusques a tant qu'elle fust bien
achevee; car ilz veoient leur grant peril se la   3724
chose estoit sceue en nulle guise. Diviciacus
d'Ostun parla pour tous: "En France, dist il,
seulement a deux paires de gens compilees
ensemble, dont toute la terre est troublee.   3728
La cité d'Ostun est chevetaine de l'une de ces
gens; Clermont en Auvergne est chief de l'autre.
Maint temps a duré li estrif de la guerre
entr'eulx, pour ce que les uns et les autres   3732
tendoient a estre seigneurs; et tant que les
Clermontois et les Secanois, qui voisins sont
a ceulx d'Ostun manderent jadis a leurs souldees
chevalerie de Soissoingne. Au commencement   3736
passerent le Rin, iusques a xv^{m} des Sesnes
souldoiers. Apres leur commença tant a plaire
le pays de France et l'abondance et la maniere
de la terre, que bien en y a puis venuz iusques   3740
a vj^{xx} milles, et se sont plusieurs fois combatus
a eulx pour oster leur effort de la province. Tant
y ont eu grant dommaige et perdu de leurs
meilleurs hommes; et vieulx et josnes des plus   3744
nobles y ot occis, et leur chevalerie en est
aucques amenuisee. Et ceulx qui iadis ont esté
de grant pouoir et amis du peuple rommain, sont
maintenant si froissiez par les batailles qu'ilz   3748
ont eues a ces Sesnes, et par force ont donnez
hostaiges aux Suanois de tous les plus nobles
citoiens d'Ostun, et ont jurez sur sains qu'ilz
ne requerront leurs hostaiges, ne nulz secours   3752
ne requerront a ceulx de Romme, ne ne refuseront
qu'ilz ne soient perpetuelment dessoubz eulx en
leurs baillies, respondent a eulx comme a leurs

chiers seigneurs. Je suy seul, dist Diviciacus,   3756
qui n'ay voulu faire le serement ne donner
hostaiges; ne oncques ne pos[117] estre la menez,
ains m'en fouy a Romme au senat pour demander
aide, come cellui qui n'estoit tenu vers Sesnes   3760
ne de serement ne d'ostaiges. Mais encore va il
pis aux Secanois, car Arionistus,[118] le roy des
Sesnes, a grant temps saisi la tierce partie de
leur terre, et de la mieulx portant de France, et   3764
leur commande qu'ilz yssent de l'autre tierce
partie et lui delivrent en haste: ne leur veult
laissier que seulement la tierce partie de
quanques ilz souloient tenir, si que la victoire   3768
de ceulx d'Ostun leur tourne plus a dommaige
que a preu. Pour ce veulent les Secanois yssir
de celle tierce partie. Arionistus veult celle
terre donner a xxiiij^m Sesnes qui passerent le   3772
Rin n'a encores gaires; et ainsi avendra, se
conseil n'en est prins, que tant de Sesnes
passeront le Rin qu'ilz pourront les François
chacier de toute France; car Sesnes et François   3776
sont moult divers en meurs et en coustume, si
ne pourroient pas estre voisins ensemble.
Arionistus, pour ce qu'il a une fois desconfis
les François, veult avoir sur eulx cruel   3780
seignourie, et prent en hostaige les enfans
aux nobles citoiens la ou il les scet et en fait
iustice aspre et grief, se nulz fait rien contre
sa voulenté; car Arionistus est homs barbarins,   3784
yreux et fors, si que nulz ne pourroit longuement
endurer, s'il n'avoit aucun secours de toy, Cesar,

---

[117]V$_3$: poi.
[118]V$_3$: Ariovistus.

et du peuple rommain; ains convendra que tous les
François yssent de leurs lieux et s'en aillent   3788
comme exilliez par estranges lieux, aussi comme
les Helneçois vouloient faire qui se habandonnoient
a toutes fortunes; ainsi convendra il faire les
François pour esloingnier les Sesnes. Et se   3792
Arionistus scet ceste chose, que complainte en
ait esté faite par nous devant vous, il destruira
a doleur tous ses hostaiges. Et se tu veulz, tu
puez tant faire par l'auctorité de Romme et par   3796
la doubte que Arionistus avra de toy, et
mesmement par la victoire que tu as ores eue
des Helneçois, qu'il ne viendra plus oultre le
Rin, et pues toute France delivrer et garantir   3800
de la felonnie Arionistus."

　　Quant Diviciacus ot ainsi parlé, tous les
autres barons de France commencerent a crier
merci en plourant a Cesar et lui requistrent   3804
son aide.

Comment les Secanois n'osoient demander aide a Cesar pour doubte de *Arionistus*

　　Cesar s'apparçut que les Secanois seulement
ne plouroient ne ne disoient mot, ains tenoient
leurs chiefz enclins a terre; si s'en merveilla   3808
et leur demanda pour quoy s'estoit.[119] Les
Secanois ne respondirent riens, ains se faisoient
toutes heures tristes et pensis. Et Cesar du
demander tant que Diviciacus respondi: "Cy puet   3812
veoir Cesar que les Secanois ont plus grieve
fortune que les autres, car eulx seulz ne s'osent

---

　　[119]V₃: ce estoit.

plaindre, neis en repost, ne demander aide, et
redoubtent la cruaulté Arionistus aussi bien   3816
comme s'il fust present; car les autres François
avoient poesté de fouir, mais ilz ne pouoient
fouir ne guenchir ça ne la, pour Arionistus
qui est embatus entre eulx et tient en sa   3820
iustice leurs villes et leurs chastiaulx, et
attendoient de lui toutes manieres de tourmens,
se il savoit que ilz se fussent plains de lui."

    Lors print Cesar a conforter tel barnage   3824
comme il avoit en France par parolles, et leur
promist qu'il mettroit cure en eulx aidier. "J'ay,
fait il, grant esperance de mettre a fin la
desraison Arionistus par moy et par mon   3828
auctorité." A tant se departi le concille; et
moult de choses enhorterent a Cesar a
entreprendre ceste besoingne, tout avant l'amour
a ceulx d'Ostun, que le senat avoit appellez   3832
freres et cousins, et plusieurs foys oyant lui
en la court de Romme. Or les veoit cheoir ou
servage des Sesnes, et tenoit Arionistus les
hostaiges des Sacanois.[120] Celui sembloit grant   3836
honte a eulx: au rommain peuple et a tout le
commun de Romme. Petit a petit se pourroient
les Sesnes mettre oultre le Rin, et y pourroient
tant venir que perilleuse chose seroit; car entre   3840
les Secanois et la province qui estoit en la
main Cesar n'avoit que le fleuve du Rosne; et
se ilz passoient le Rosne et ilz entroient en
la province, de la province pourroient ilz   3844
entrer en Ytalie tenant a tenant, car la province
s'estendoit de Thoulouse par Gennevois iusques

---

[120]V₃: Sequanois.

vers Ravenne.

Comment Cesar manda a Arionistus qu'il venist a lui a parlement

Arionistus estoit montez en si grant orgueil 3848
qu'il n'estoit pas a souffrir, ainçois avoit le
pays mestier de hastif secours.

Pour ce manda Cesar en haste a Arionistus
qu'il venist a lui a parlement en aucun lieu et 3852
qu'il esleust moyen entre les marches ou il
vouloit a lui parler des communes besoingnes
qui appartenoient a lui ou au commun de Romme.
Arionistus respondi au messaige: "Se je avoie 3856
mestier de Cesar, je yroie a lui; se il a
mestier de moy, viengne a moy. Enseurquetout,
ie n'oseroie aler en lieu ou Cesar eust seignourie
ne pouoir, ne ie ne puis assembler ost sans 3860
grans despens. Et moult me merveille que Cesar
et le peuple de Romme s'ont a entremesler de ma
besoingne que j'ay vaincue et conquise par
bataille." 3864

Les messaiges noncerent ceste chose a Cesar.
Cesar lui remanda par autres messages que
mauvaisement lui membroit de l'onneur que les
senatz de Romme lui avoient faite, qui en 3868
audience du peuple rommain l'avoient jadis
appellé roy et amy, et tel guerdon en rendoit
au peuple de Romme qu'il ne daignoit venir a
parlement pour parler du commun preu d'une 3872
part et d'autre. "Ce sont, distrent les
messaiges, les choses que Cesar te mande, sans
plus: tout avant, que tu ne maines plus des
gens d'oultre le Rin en France que ce que amenez 3876
y as; apres, que tu vueil <les> rendre les

hostaiges a ceulx d'Ostun et veulles que Secanois
leur rendent tant de leurs hostaiges comme ilz
tiennent, qu'ilz n'osent rendre se par toy non;   3880
puis te garde de mesprendre envers ceulx d'Ostun
et vers ceulx qui sont aliez a eulx par compaignie.
Se tu le fais ainsi, tu avras la grace et la
parmanable amour de Cesar et des Rommains. Se   3884
tu autrement le fais, Cesar ne < le > laira mie
au pié cheoir a honte ne dommage ce que tu feras
a ceulx d'Ostun; car il fu la ou le senat donna
sentence oyant deux consulz, Marcus Messella*   3888
et Luce Pison, que quiconques en sa main aroit
celle province qu'il a en garde aidast a son
pouoir a deffendre ceulx d'Ostun et leurs autres
amis."   3892

    A ce respondy Arionistus: "Droiture de
bataille est ytelz, que ceulx qui vainquent
peuent faire des vaincus a leur commandement. Le
peuple meisme de Romme le fait ainsi. Il fait   3896
a sa voulenté de ceulx qu'il conquiert en
bataille, ne pas par l'atirement d'aultrui. Se
Cesar ne veult aler contre la communaulté de
Romme, qui use a sa voulenté de ceulx qu'elle   3900
veult, il ne doit empeschier que ie ne face a
mon vouloir de ceulx d'Ostun, que j'ay conquis
en bataille avec tous ceulx de leur contree, que
ie n'en prengne d'eulx treuz. Greigneur tort   3904
me fait Cesar, qui mon treu m'amenuise et le m'a
delaié a sa venue. Les hostaiges ne rendray ie
pas a ceulx d'Ostun, mais ilz n'ont garde de moy
ne eulx ne leurs compaignons tant comme ilz me   3908
vouldront convenant tenir et rendre a moy mon
treu chascun an; et se ilz ne font, ce < ce > que
les Rommains les appellent freres les esloignera

moult. A ce que Cesar dit qu'il ne laissera pas   3912
cheoir aux piez le grievement a ceulx d'Ostun,
je dy ytant, que nul n'estriva oncques a moy
qu'il n'en venist a mortel peril. Quant il
vouldra, si commence la bataille; nous lui ferons   3916
entendre et congnoistre de quelle vertu les
Sesnes sont, qui tant sont usaigiez d'armes et
sans recreantise, car xiiij. ans a qu'ilz ne
geurent soubz toys se n'a esté de loges et de   3920
paveillons."

Comment les messaigiers d'Ostun et de Treve se plaignoient des Sesnes

Si comme les messages recordoient ces
parolles devant Cesar et l'orgueilleux respons
Arionistus, e vous messaigiers qui entrerent ens,   3924
les uns de Treve et les autre[s] d'Ostun. Ceulx
d'Ostun se plaignoient que les Sesnes, qui
derreniers avoient le Rin passez, gastoient
leurs marches, ne nulz hostaiges que Arionistus   3928
eust prins d'eulx ne nulle convenance ne les
pouoit garantir. Ceulx de Treve distrent que
bien cent connestables de ceulx de Suave estoient
logiez sur le Rin, si tendoient deux freres a   3932
venir oultre, Nasuas* et Tymberius,[121] qui en
estoient ducs. Cesar fu si esmeuz de ces
nouvelles, qu'il ne voult plus delaier;
perilleuse chose lui sembloit de tant attendre   3936
que ceulx de Suave fussent joins aux gens
Arionistus, car lors lui fust plus grief a
soustenir toute celle tourbe de gens ensemble.
Lors assembla en haste froment et viande, si   3940

---

[121]V₃: Cymberius.

achemina tout son ost et s'en ala a si grans
journees comme il pot celle part ou Arionistus
estoit.

      Quant il ot erré trois jours, la nouvelle   3944
lui vint que Arionistus aloit a tout son effort
droit a Besençon, la meilleur cité que les
Secanois avoient, pour saisir la ville a son
pouoir, et avoit ja Arionistus esloignié par   3948
trois journees le pays ou Cesar le cuidoit
trouver. Cesar pensa qui[122] lui convenoit celle
cure prendre que les Sesnes n'eussent celle cité;
car elle estoit bien garnie d'armes et de viande   3952
et d'autres choses convenables a bataille et
seant et fort, comme celle qui toute estoit
çainte d'yaue. Au moins en estoit le chastiau
avironné aussi comme a compas. L'autre remenant   3956
de la cité seoit sur un hault mont en espace de
lx. piez, si que le pié du mont estoit batant a
l'yaue. Se les Sesnes fussent dedens, mal en
pouoit venir a tout le pays et aux Rommains   3960
meismes. Pour ce se hasta Cesar tant qu'il
vint la a grans journees que de jour que de
nuit, saisi la ville, et mist ses gardes dedens.

Comment les Rommains se desconfortoient pour la grant vertu que on leur disoit
estre es Sesnes

      Si comme Cesar demouroit a Besençon pour   3964
amasser viande et pourveoir ce que mestier estoit
a son ost, il n'i ot esté que un petit de jours
que toute sa mesgnie fu effraee et espoventee
des parolles que chascun disoit et des marchans   3968

---

[122]V₃: que.

de la contree; car quant les Rommains demandoient:
"Quelles gens sont ces Sesnes?" les paisans
disoient: "Ce sont grans gens et vertueux, fors
de corage, et usaigiez d'armes. Souvent nous
sommes combatus a eulx, mais nous ne les peumes
soubstenir; <nous> de leur regart et de leurs
horribles chieres estions nous espoventez."
Ce meisme en disoient marchans; tant que grant
tremeur en print toute l'ost rommainne. Ceste
tremeur vint avant des tribuns, prevosts et
des chevaliers, qui avoient Cesar suivy de
Romme plus pour s'amour que pour desirier de
guerre, car les aucuns d'eulx n'estoient gaires
usagiez d'armes; et tant que ilz pouoient,
trouvoient achoison et mettoient avant comment
ilz s'en tournassent a Romme par la voulenté
Cesar, et que le peuple ne les eust en souspeçon
que par paour s'en alassent. Nonpourquant ilz
ne pouoient leur vouloir qu'il ne parust que
remanoir leur estoit grief; plouroient et se
ramponoient es paveillons ou ilz regretoient
leur destinee et se dolousoient a leurs familliers
de ce commun peril qui pres leur estoit. Chascun
des autres faisoit son testament par ces loges
tant que cest affaire troubla aucques et fremist
les cuers de ceulx qui avoient usagiez guerres
et batailles, et fremissoient par exemple des
couars les plus hardis chevaliers et centurions
et autres connestables. Ceulx qui vouloient
sembler estre moins paoureux disoient qu'ilz ne
doubtoient de riens leurs ennemis, mais a
malaise estoient de la griefté du chemin, qui
estoit estroit et les forests grandes entre
Arionistus et eulx, et se doubtoient qu'ilz ne

3972

3976

3980

3984

3988

3992

3996

4000

peussent pas avoir froment assez pour leur
soustenement des fors trespas. A Cesar fu il 4004
noncié que, quant il vouldroit mouvoir, il ne
trouveroit qui esmeust les enseignes, ains
feroient les chevaliers la sourde oreille, de
paour qui les avoit prins. 4008

Quant il oy ce, si appella avec soy sa
chevalerie, prevosts et centurions de celle
connestablie; moult durement les accusa et
blasma: "Que est ce, seigneurs? dist il. Donc 4012
ne savez vous qui vous maine? Donc ne suy ie
consul? Avez vous oublié comment Arionistus se
hasta de requerir l'amistié du peuple si tost
qu'il sceut que ie devoie estre consul? Cuidiez 4016
vous dont que ie doie yssir de ma baillie
honteusement sans honneur de vie voire?[123] Ie
ne cuide pas que Arionistus soit si folz qu'il
refuse la grace de moy et des Rommains selon 4020
raisonnable condicion de paix. Et se il est
desvez et si forsenez qu'il vueille combatre, de
quoy vous doubtez vous ou desesperez de ma vertu
ou de mon sens par[124] vous conduire? Ce sont 4024
Tymbres, ce sont Tyois, grans gens corsues,
desvees, sans sens et escervellez; mais dont
ne sont ce mie ceulx que Marius* desconfist
jadis, et en fu plus honnourez que Lucius 4028
Silla, qui consul estoit, ne fu de la sienne
victoire sur Hermines? Maurius les avoit
desconfis en pou de temps, et Silla mist
longuement aux Hermines desconfire; dont font 4032
ilz moins a doubter que Hermines ne autres gens,

---

[123]V3: victoire.
[124]V3: por.

quant Marius, qui de meneur pouoir estoit que
Silla, les conquist en mendre temps que Silla
ne pot faire les Hermines. Ne sont ce ceulx a   4036
qui les Helneçois ont tous temps eue bataille
et entroient souvent a force en leurs marches
malgré eulx? Nonpourquant oncques les Helneçois
ne porent avoir duree contre les nostres, si   4040
comme vous avez veu. Et comment y durront
ceulx que les Helneçois souloient fouler? Se
vous estiez espoventez de ce que les François
furent desconfis en sa bataille et fouirent,   4044
enquerez de la verité: vous trouverez que François
n'y ont nulle honte ne Arionistus point d'onneur,
car, quant les François furent ensemble aprestez
a la bataille contre lui, il se tapi plusieurs   4048
mois en ses tentes en marés et en palus; tant
que les François, qui n'avoient mais nulle
esperance de bataille, s'en tournerent par ennuy
tous lassez. Et quant Arionistus vit qu'ilz   4052
estoient desliez ça et la, si les suivy et leur
couru sus soudainement, si chaça ceulx qu'il
trouva esgarez. Si pouez veoir que sa victoire
tourna plus a engin que a vertu, et il avoit a   4056
faire a telles rudes gens qu'il pouoit plus
legierement engignier et decevoir qu'il ne
feroit vous. Vous couvrez vostre mauvaistie
de la griefte du chemin et de tremur que froment   4060
ne vous faille; de grant orgueil vous vient
quant vous vous desesperez de moy que ie ne doie
faire ce que a mon office appartient et vous
pourveoir selon le temps, car ie y mettray   4064
grant cure et feray tant que les Secanois et
ceulx d'Ostun et de Lengres pourverront assez
froment. Enseurquetout les blez sont ia tous

meurs parmy ces champs. Ne ie ne suy pas trop 4068
comeuz se vous faites le sourt quant ie
commanderay a mouvoir les enseignes. Quiconques
l'orra, il savra bien qu'il ne demourra pas en
moy a bien achever la besoingne de Romme. Bien 4072
puet chascun veoir comment l'ay fait en la
bataille des Helneçois; ma loyaulté y est bien
esprouvee et vers Dieu[125] et vers vous. Or sachiez
bien que ie voudray huy mouvoir apres mienuit. Ie 4076
ne sçay qui me suivra. Je ne meusse pas encores,
mais ie vueil savoir en haste se raison et
droiture avra greigneur lieu en vous que paour,
ou se vous laisserez a faire ce que vous devez 4080
par paour. Se nul ne me suivoit, si mouvroie ie
atout la xe legion, car d'elle ne doubte ie pas
qu'elle ne soit preste a mon commandement." A
celle legion requist Julius aide a la quelle 4084
avoit fait honneur souvent et donné dons, et se
fioit plus en elle que en nulle autre.

      Quant Cesar ot ainsi parlé, a merveille se
changerent les cuers de toute la chevalerie, et 4088
nasqui un souverain desirier a chascun de
combatre; et la xe legion lui rendi graces par
ses tribuns et par ses centurions de ce que il
avoit si bien senti d'elle, et se paroffry que 4092
moult estoit preste et appareillee de combatre.
Apres vindrent les autres legions avec tous les
tribuns et les centurions de chascune ordre, et
lui offrirent droit et leur service, et lui 4096
distrent que oncques n'avoient eu doubte ne
cremeur de rien ne prins sur eulx riens a faire
sans sa voulenté et sans son commandement.

---

[125]V$_3$: Rome.

Quant il ot prinse la satisfacion et l'escusement 4100
de chascun, il atira son ost, si comme il avoit
dit, apres la mienuit. Diviciacus d'Ostun, en
qui Cesar se fioit moult pour sa loyaulté, guya
toute l'ost et la fist ganchir largement xv. 4104
lieues, comme cilz qui aloit entour et environ
querant le plus large chemin et le plus seur.
Quant les Rommains orent erré vij. jours
continuelment si comme Diviciacus les guioit, 4108
les espies Cesar lui aporterent nouvelles
que entre l'ost Arionistus et la sienne n'avoit
que iij.^m pas et xx. en tout.

Cy parle comment Julius Cesar et le roy Ariovistus assemblent a parlement

Si tost que Arionistus sçot que Cesar estoit 4112
pres de lui atout son effort, il envoia ses
messaiges a lui et lui manda que prest estoit
d'avoir parlement a lui si comme il lui avoit
avant requis, puis qu'il estoit si pres venu que 4116
faire le pouoit sans ost et sans dommage. Cesar
ne le refusa pas, car il cuidoit toutes heure[s]
que Arionistus s'amendast et prinst cuer et
conseil de faire ce qu'il lui avoit mandé d'endroit 4120
ceulx d'Ostun, par ce meisement qu'il lui mandoit
de son gré ce qu'il lui avoit avant commandé et
refusé lui avoit. Espoir il lui membroit de
l'onneur que les Rommains lui avoient faite. 4124
Le parlement fu prins au quint jour apres.
Cependant aloient et venoient messages d'une
part et d'autre, et lui manda Arionistus qu'il
n'amenast au parlement nullui se a cheval non; 4128
autrement n'y vendroit il pas, car il se
doubtoit d'agait. Cesar, qui pou avoit gens

a cheval, se ceulx de France non, et qui
doubtoit a mettre son corps en la garde des 4132
François, pour ce que le parlement ne remansist
par quelque achoison, il fist prendre tous les
chevaulx de l'ost aux François et aux autres,
et fist monter ceulx de la xe legion, en qui 4136
il se fioit durement. "Vous serez, dist il,
pres de moy ou ie vous menray, et me garderez
et aiderez, s'il me tourne a besoing." Si comme
il faisoit ce, "Sire, dist un chevalier de celle 4140
legion, vous nous faites plus que vous ne nous
avez promis, car nous vous cuidions garder a pié,
et vous nous mettez a cheval."

      La Champaigne estoit large entre les deux 4144
osts. Ou milieu avoit un petit tertre ou ilz
assemblerent a parlement. Cesar mist ceulx de
la xe legion, qu'il avoit a cheval montez, a ij^c
pas en sus du tertre. Arionistus fist autretel 4148
des siens chevaliers: a ij^c pas furent loings du
tertre. Il manda a Cesar qu'il venist au lieu
de parlement soy x^e a cheval, et il ensement, et
a cheval ensemble parlassent. Quant ilz furent 4152
ensemble, Cesar au commencement de sa parolle
ramentu l'onneur et le bienfait du senat et des
Rommains, qui l'avoient appellé amy et roy, et
grans dons lui avoient envoiez qu'ilz ne 4156
souloient faire se pou non et a telz qui desservi
l'avoient par grans services. "Ceste honneur,
dist Cesar, as tu eue par la franchise de moy,
qui consul estoie, et du senat et du peuple 4160
rommain, sans achoison de nul service que tu
nous eusses fait. Apres, assez tost nous mandas
pour quoy nous tenions mieulx ceulx d'Ostun a
freres et a amis: pour ce qu'ilz ont esté 4164

anciennement aliez a nous par compaignie et
par amistié qu'ilz ont requise trop a longtemps,
et ont tant desservi vers le senat que nous les
avons honnourez et tenus pour chiefs des François 4168
et pour principaulx entre les autres; et le
peuple de Romme a tel coustume que il ne veult
que ses compaignons et ses amis perdent rien,
ains veult son acroissement en grace, en honneur 4172
et en dignité. Et ne pourroit souffrir au moins que
nulz leur toulsist ce qu'ilz avoient quant ilz
vindrent en nostre compaignie et en nostre amour.
Je vueil, dist Cesar, que tu rendes les hostaiges 4176
a ceulx d'Ostun et que tu ne meuves bataille
a eulx ne a leurs compaignons; et se tu ne pues
renvoier en leurs pays nulz de ces Sesnes qui
sont en France venuz, au moins ne seuffre pas 4180
que nulz en viengne plus oultre le Rin."
    Arionistus respondi briefment et racompta
ses prouesces et sa vertu: "Je, dist il, ne
vins mie en France par mon gré seulement, ains 4184
en fu requis moult et priez des François, tant
que ie laissay mes amis et ma terre en esperance
de grant guerredon que ie attendoie d'eulx.
Celle terre que ie tieng en cest pays, ilz 4188
la me donnerent; les hostaiges, ilz les me
baillerent de leur propre voulenté; le treu
que ie reçoy d'eulx, ie le reçoy par tel
droiture comme les vainqueurs seulent faire 4192
sur les vaincus. Je n'ay pas les François
assailli, mais les François moy. Toutes les
citez de France vindrent ensemble a ost contre
moy. Je seurmontay tout leur effort en une 4196
seule bataille ou ilz furent desconfis. Se ilz
veullent derechief prendre bataille a moy, ie suy

tout prest de les attendre a coup; se ilz veullent
paix avoir, folie est de mon treu retenir, qu'ilz   4200
m'ont paié en paix iusques a ores. Il m'est
mestier que l'amistié des Rommains me tourne au
prouffit de mon honneur et de mon acroissement,
non pas de mon empirement. Et s'il me couvient   4204
rendre mes hostaiges et mon treu relaschier par
les Rommains, ie ne suy pas plus voulentis de
leur amistié requerir comme suy du guerpir et du
refuser. Ce que ie fais venir les Sesnes d'oultre   4208
le Rin n'est pas pour François guerroier, mais
pour garnir et garder mon corps et ce qui a moy
appartient. De ce ay ie bonne pourveance, car
ie ne passa[i] oultre se par leur parfaite   4212
requeste non. Je ne me combati a eulx se pour
moy deffendre non contre ceulx qui contre moy
s'estoient assemblez. Je vins ainçois en France
que les Rommains; que quierent ilz en ma   4216
possession? La province est moie; neant plus
que vous me laisseriez entrer en vostre province
n'est il raison que vous entriez en la moye.
Apres, ie ne suy pas si sans raison que ie   4220
n'entende bien que Rommains n'y ont nulle
droiture en appeller freres ceulx d'Ostun, car
oncques ilz n'aiderent aux Rommains en batailles
qu'ilz eussent vers les Bourgoingnons, ne les   4224
Rommains a eulx en la bataille qu'ilz orent
contre moy. Et pour ce que ie te doy bien
avoir en souspeçon de fainte amisté, car tu
n'as embatue ta gent en France se pour moy   4228
grever non. Et se tu ne les en remainnes, des
ores en avant je ne te tendray pas pour amy, ains
pour ennemy; et se ie t'avoie occis, saches que
j'en avroie la grace de plusieurs hommes et de   4232

tous les plus vaillans de Romme, qui bien le
m'ont par leurs messages mandez; la grace et
l'amour de maint homme pourroie avoir et acheter
par ta mort. Et se tu t'en veulz tourner de 4236
France et moy laissier ma possession en paix, ie
t'en rendray grant guerredon et servise; et se
tu as bataille a faire, je l'acheveray pour toy
sans travail. 4240

    A ce respondy Cesar moult de choses. "N'a
pas, dist il, le peuple rommain acoustumé a
faillir a ces compaignons, a ceulx mesmement
qui l'ont deservy. Je ne di pas que France doie 4244
estre du peuple rommain. Dont ne conquist jadis
Quintus Fabius* en bataille Flamens et Auvergnas?
Nonpourquant Rommains leur pardonnerent sans
prendre treu de la cité ne de la terre. Qui 4248
vouldroit suir ancienneté, France devroit estre
du commun de Romme, ou demourer au moins en
franchise; car ainsi fu il iugié du senat, apres
ce que les nostres orent Auvergne conquise, que 4252
ilz tenissent leurs coustumes franchement et
leurs loys. Ycellui meisme iugement donna le
senat de l'autre remenant de toute France au roy.

Comment Cesar desconfist Arionistus et les Sesnes

    Entretant comme ilz parloient, lui et Cesar, 4256
e vous que la nouvelle vint a Cesar que les
chevaliers Arionistus se traioient vers ses tentes
et aloient lançans dars et saiettes aux siens
chevaliers et poignoient a eulx, gettoient pierres, 4260
et aloient bataille esmouvant. Sy rompy Cesar sa
parole et s'en repaira a ses chevaliers et leur
commanda qu'ilz ne traissent ne lançassent aux

chevaliers Arionistus. Et ja soit ce qu'il peust   4264
bien assembler a eulx sans peril a tant de
chevaliers comme il avoit esleuz de la xe legion,
toutes voies il amoit mieulx estre en paix que ce
que ses ennemis deissent, quant il les aroit   4268
tournez du champ, qu'il les en eust trais par
achoison de parlement; et ce que les chevaliers
Arionistus avoient trait et lancié aux chevaliers
Cesar--pour ce estoit le parlement departi--n'y   4272
ot cellui qui n'en devenist plus ardant et plus
courageux de combatre.

      Apres ces deux jours manda Arionistus a
Cesar par ses messages qu'il traitteroit   4276
voulentiers de ces choses qui commencees estoient
entr'eulx et trairoit a aucun chief, car ilz
estoient tournez du parlement sans riens mettre
a fin: <la> ou il rassemblast a lui a parlement,   4280
ou il envoiast aucuns de ses compaignons a qui
il peust dire sa voulenté. Cesar ne veoit de
quoy il deust a lui parler, pour ce mesmement que
les Sesnes ne se porent tenir de lancier aux   4284
siens aux jours devant du parlement; et perilleuse
chose lui sembloit d'envoier a lui homme de sa
mesgnie, pour la cruaulté qu'il savoit en lui.
Lors lui sembla bon a y envoier Gayus Valerius,* 4288
un·François, josne homme et saige en paroles, que
Valerius Flatus* avoit fait citoien de Romme; car
Arionistus avoit ia tant esté en France qu'il
savoit assez du langaige, ne il ne savoit   4292
achoison par quoy il deust mal faire a lui ne
nulz des autres Sesnes avec. Avec celui envoia
Maurius Ticius,* qui ostes avoit esté Arionistus.
"Alez, dist Cesar, si oyez et me sachiez a dire   4296
ce que vous trouverez en lui." Si tost que ces

deux se furent embatus es tentes Arionistus et
il les vit, si s'escria: "Ceulx cy me viennent
espier." Oncques ne leur laissa leur message   4300
compter, ains les fist tantost mettre en anneaux
de fer.

 Et se[126] jour meisme il se desloga et ala
ailleurs et tendi ses tentes a ij.^{m} pas de l'ost   4304
Cesar pour lui forclorre la viande qui lui venoit
des Secanois et du pays d'Ostun. Des ce jour en
avant ne fina oncques Cesar de sa gent ordonner
et aprester a bataille devant ses tentes pour   4308
assembler a Arionistus, s'il venist et il
voulsist combatre. Arionistus se tint en ses
tentes v. jours, et envoia de sa gent chevauchier
entour l'ost Cesar. Et les Rommains ensement   4312
poignoient a eulx, si y ot de belle[s] joustes
en ces cinq jours. En ytelle maniere de poingneis
estoient les Sesnes usagiez: vj.^{m} chevaliers de
l'ost Arionistus s'estoient tournez d'une part.   4316
Ceulx avoient autres vj.^{m} esleuz de ceulx a pié,
fors et delivres, chascun avoit le sien pour son
corps deffendre et delivrer s'il venist. A
bataille ensemble aloient; ceulx a cheval se   4320
ralioient ensemble a ceulx a pié a tous leurs
besoings; ceulx leur aidoient et se gettoient
encontre tous perilz pour eulx. Se aucun avoit
grief ne plaie, dont il lui convenist vuidier   4324
les arçons, ceulx a pié se mettoient entour lui
pour le garantir. Et se ilz vouloient loing
aler ou besoing les menast, ceulx a pié se
prenoient aux testes et aux crins des chevaulx   4328
et courroient aussi tost comme les chevaulx,

---

[126]V_3: ce.

tant estoient de celle chose duis.

    Quant Cesar vit que la bataille ne seroit
pas et que les Sesnes se tenoient oultre lui pour   4332
ce que on delaiast a envoier la viande, il ordonna
sa gent en trois batailles, si s'esmust et passa
oultre l'ost Arionistus en un convenable lieu a
v^c pas loing de ses ennemis. Les deux batailles   4336
fist estre armees et la tierce entendre aux tentes
drecier. Arionistus envoia celle part iusques a
xvj^m hommes, sans ceulx qui furent avec lui, pour
destourber les Rommains a logier. Les deux   4340
batailles que Cesar avoit ordonnees maintenoient
l'estour contre les autres, et la tierce dreçoit
loges et tentes a esploit. Quant les tentes furent
ordonnees et garnies, Cesar y laissa deux legions   4344
et une partie d'autre aide, puis s'en repaira aux
loges dont il estoit meuz et remena quatre autres
legions.

    L'endemain ordonna a bataille toute sa gent,   4348
et yssi hors des tentes. Les deux legions des
nouvelles tentes firent autretel, car Cesar leur
avoit commandé au soir, et puis offroit de ça et
de la bataille aux Sesnes. Mais quant il ot   4352
attendu iusques vers midy et il vit que
Arionistus n'istroit point a bataille, il se
remist es tentes d'une part et d'autre. Ainsi,
comme Cesar fu rentrez es tentes, Arionistus   4356
envoia chevaliers pour assaillir les deux legions
des nouvelles loges, mais elles se deffendirent
si aigrement qu'ilz n'y porent riens meffaire,
et dura l'estour iusques a soleil couchant. Adonc   4360
fist Arionistus retourner aux tentes celle partie
de sa gent qui s'estoit combatue aux deux legions
de la gent Cesar, car plusieurs plaies avoient

receues et plusieurs donnees. Au soir demanda   4364
Cesar a ses prisonniers pour quoy Arionistus ne
se vouloit combatre. Les prisonniers distrent
que commun estoit entre les Sesnes que les matrones
gettoient sors pour enquerir la quelle heure   4368
estoit bonne pour combatre, et ces sorcieres
avoient dit que les Sesnes ne pourroient pas
avoir victoire s'ilz assembloient a bataille
devant prime lune.   4372

    Trois jours apres laissa Cesar en ses deux
paires de tentes tant de gens qu'il pouoit
souffire a les garder. Devant les meneurs
derrenierement drecees ordonna et arrouta un   4376
nombre de sa gent. Le remenant devisa en trois
conrois bien armez et bien appareilliez, sans
ceulx qui remanoient pour les tentes garder,
si s'adreça vers les tentes aux Sesnes et vint   4380
a mesmes. Lors convint que les Sesnes yssissent
a la bataille. Si comme ilz yssoient hors,
chascune maniere de leur gent estoit a une part
et avoit un val des uns aux autres. Haronde yssi   4384
tout avant et se tint a une part, et puis
Marcommie, puis Tribote, puis Vuanges,* puis
Nemece, puis Seducios,[127] puis Suavois: xxx.
eschielles ot Arionistus de diverses manieres   4388
de Sesnes. Ilz trouverent environ eulx
charrettes et curres et autres voitures, si
que nul n'ot esperance de fouir. La furent
leurs femmes, qui palmes estendues plouroient   4392
et leur crioient qu'ilz n'alassent cheoir ou
servage des Rommains.

    Cesar bailla a chascune de ses legions un

---

[127]V₃: Sedusios.

legat et un questor en maniere de baillis, pour   4396
estre tesmoings come chascune legion se
contendroit. Puis commença sa bataille par devers
le destre costé, pour ce que l'ost aux Sesnes se
rassembloit de celle part. Cors et buisines   4400
sonnerent al assembler. Les Rommains cuiderent
eulx aidier de leurs dars et lancier au premier
point; mais les Sesnes leur courrurent sus si
tost et si soudainement, qu'ilz leur tollirent   4404
l'espace de lancier. Pour ce gettoient les
Rommains leurs dars a terre, et fu la bataille
main a main aux espees. Les Sesnes furent pavés
chiez de leurs escus, si comme ilz avoient   4408
acoustumez, et soustindrent les cops des espees
aux Rommains, car leurs escus estoient joins
entasseement les uns aux autres, et ce appelloient
les François palenge. Telz y ot des chevaliers   4412
rommains qui sailloient et arrachoient les escus
de la palenge, puis feroient a descouvert et
a <i> dez faisoient plaies. Tant se combatirent
les Rommains vigoreusement que les Sesnes qui   4416
estoient ou senestre cousté de leur ost guenchirent
de leur place et fuioient les dos tournez. Mais
ceulx de leur destre si aigrement se combatoient,
qu'ilz commencerent moult a grever les Rommains   4420
de celle part, et a plaier et a abatre. Quant
ce vit Publius Crassus, un aigre jouvenceau qui
gardoit la chevalerie du tiers conroy, qui tout
estoit encore fres ne n'y avoit encores gaire   4424
feru, il guie ceulx de sa garde celle part ou il
vit que Rommains en avoient du pieux.

     Et choisi Conabré, le seroge Arionistus,
qui avoit assez tost abatu et occis Mucien, un   4428
vaillant chevalier rommain. A cellui se lança

Publius Crassus tout avant et le fery par tel
vertu de son espié qu'il lui faussa le haubert
et lui mist le fer trenchant parmy le corps
d'oultre en oultre, si que Conabré tresbuscha
mort de sa selle. Illec avoit plus de .m. Sesnes
entour lui, qui le tindrent encore vif, et
faisoient parc a leurs espees entour lui.

  Mais les chevaliers qui suivoient Publius
Crassus, qui avoient veu ce beau cop que cellui
qui leur connestable estoit avoit fait, se
ferirent es Sesnes a eslais, si le[s] desrompirent
au premier assault, et abatirent tant que toute
la mesgnie Arionistus tourna les dos et s'en
fouirent. Ne oncques ne cesserent de fouir,
iusques a tant qu'ilz vindrent au Rin, qui estoit
bien a cinq mille pas du lieu ou la bataille
estoit assemblee. Mais moult petit en estoient
fouys, car les chevaliers a Cesar occirrent tous
les autres en celle chace. De ce petit tantet d'un
pou des Sesnes qui porent parvenir iusques au Rin,
se mettoient et abandonnoient les uns en l'yaue
pour noer a force; les autres entroient ens es
nefs par aventure se ilz en trouvoient plenté.
Arionistus vint la fuiant hastivement aussi comme
tout seul, et trouva une bien petite nasselle a
la rive de l'yaue atachee, si s'en passa oultre
et eschappa. Cilz avoit deux femmes dont l'une
estoit de Suave--cella la avoit il espousee
dela la riviere du Rin; l'autre estoit suer
Voccion, le roy de Norregene--celle la avoit il
espousee ou pays de France, et la lui avoit
envoiez son propre frere. L'une et l'autre
perirent en ycelle fuite et y furent occises.
De deux filles qu'il avoit l'une fu prinse et

l'autre fu occise. Si comme Cesar chaçoit les 4464
Sesnes, lui et ses chevaliers, il trouva que on
enmenoit Gaius Valerius, son messaige qu'il
avoit par avant envoiez a Arionistus pour parler
a lui, et que ceulx qui le gardoient le tiroient 4468
apres eulx a trois chaiennes de fer. Cesar, quant
il le trouva, il n'en fut pas neant moins liez que
de la victoire qu'il avoit eue, car il estoit
moult honneste homs et son familier et son hoste 4472
et moult vaillant François qui s'estoit mis en
aventure pour amour de lui. Et moult belle
aventure lui en advint; car si tost que ceulx
qui le gardoient furent occis, et il fu osté des 4476
chaiennes ou il estoit mis, il dist que les Sesnes
avoient enquis oyant lui par plusieurs sors se
ilz l'ardroient a celle mesme heure ou se ilz
le garderoient encores, et le dit sors si l'avoit 4480
respité. Ainsi le delivra fortune par deux fois.
Ensement advint pareillement a Marcus Ticius
son compaignon.

     Et quant ceste bataille fut noncie oultre 4484
le Rin, tous ceulx de Suave qui estoient venus
sur le Rin pour passer s'en retournerent arriere.
Ceulx qui demouroient pres du Rin, quant ilz
sentirent que ceulx s'en fuioient si espoventez, 4488
si les suivirent et en occirrent grant nombre ains
que ilz peussent estre a Suave. Cesar, qui avoit
deux grans batailles vaincues en un seul esté,
mena ses legions aux Secanois, dont il avoit les 4492
Sesnes gettez, pour les faire yverner en ce pays.
Encore peussent bien chevaliers errer se mestier
ou besoing fust. Labienus garda les Secanois et
Cesar passa en celle France qui est oultre les 4496
Arpes des Thoulouse iusques a Gennes et oultre

un petit. Illec tint ses consaulx et son
parlement.

Cy fine la guerre que Julius Cesar fist contre les Helvechois et contre
Ariovistus le roy des Sesnes

Apres commence la guerre contre les Belgues

Et premierement
Comment les Belgues s'appareillierent a guerre contre Julius Cesar et du
grant nombre qu'ilz estoient et de leur pouoir comme vous orrez

Endementiers que Cesar tenoit illec son   4500
parlement, nouvelles venoient a lui souvent que
toute ycelle partie que on clamoit Belgues
faisoit commune coniuroison contre le peuple de
Romme, et donnoient hostaiges entr'eulx de ville   4504
en ville, et de cité[z] en cité. Labienus meisme,
qu'il avoit laissié entre les legions, l'en fist
certain par ses lettres. La cause de la
coniuroison estoit pour ce qu'ilz se doubtoient   4508
que, se toute France estoit appaisee, que les
osts des Rommains ne s'embatissent ou pays et
amenuisassent toute la terre par leur demeure.
Apres il leur pesoit que les legions yvernoient   4512
en la contree dont les Sesnes estoient chaciez,
et telz y avoit des François nobles et puissans
qui par leurs richesses tendoient a estre roy
des citez et des contrees, et ce n'estoit legiere   4516
chose a faire pour tant que les Rommains eussent
pouoir en la terre. Pour ce semonnoient les
uns et les autres d'eulx oster de la poesté aux
Rommains.   4520
        Quant Cesar fu certiffié par lettres et par
messaiges de ceste chose, il fist tost mettre en
brief nouvelles gens en ce pays ou il estoit,

iusques a deux legions entieres, et leur bailla 4524
connestable un legat qui Quintus Pedius estoit
nommé. Cilz les mena oultre les Arpes en France
et si tost que on pot trouver les champs plains
d'erbes et de pastures. Il enioinst a ceulx de 4528
Sens et aux autres François qui voisins estoient
aux Belgues qu'ilz se penassent d'enquerir et de
savoir leur affaire, puis l'en feissent certain.
Ceulx lui noncerent que les Belgues assembloient 4532
toute leur gent en un lieu a grant effort. Cesar
ne mist ne terme ne delay qu'il ne s'en alast
vers eulx; a grant massé de viandes, si s'esmust.
Environ xv. jours mist a venir atout sa gent en 4536
la contree des Belgues.

      Quant il fu venu soudainement et en moins
d'eure que on ne cuidoit, ceulx de Rains, qui
estoit une haulte cité des Belgues et voisine 4540
aux autres François qui Celte estoient clamez,
envoierent a lui deux messages des plus
honnourables hommes de la ville, Scius* et
Andocumborius estoient appellez. "Sire, distrent 4544
ilz a Cesar, ceulx de Rains vous mandent salut
et qu'ilz sont tous prestz de mettre eulx et
quanqu'ilz ont en la poesté de Romme, ne qu'ilz
ne sont pas de la coniuroison aux autres Belgues, 4548
et sont appareilliez de vous donner hostaiges et
de faire vostre commandement. Ilz vous recevront
en leur ville et en leurs chastiaulx. Ilz vous
aideront en viandes et en autres choses a leur 4552
pouoir. Tous les autres Belgues sont esmeuz a
armes contre vous, et tant de Tyois comme il habite
deça le Rin ont coniurez avec eulx; et tant sont
forcenez que ceulx qui veulent estre voz amis et 4556
comme parens et vivre a voz us et a voz coustumes

ont ilz trais a eulx et leur ont fait laissier
nostre compaignie, tant les ont espoventez."

"Quantes citez, dist Cesar, y a il a armes 4560
et de quel pouoir sont ilz en bataille?" Les
messages respondirent: "Il y a telz des Belgues
qui sont yssus du lignage aux Sesnes et furent
amenez anciennement d'oultre le Rin, et avoient 4564
les François anciens chaciez hors de la terre
plantureuse, ou ilz s'arresterent tant que
oncques puis n'en furent gettez. Apres ilz sont
si adamachiez a la maniere des François, et 4568
ceulx que d'eulx sont engendrez, que ilz seulx
se sont si deffendus et gardé le pais, que
Tymbres ne Tyois n'y mistrent oncques puis leurs
piez. Et pour ce ceulx de celle part qui est plus 4572
voisine au Rin sont plus fiers et plus usagiez
d'armes, pour les guerres ou ilz ont souvent
esté, et boutez leurs ennemis arriere quant ce
estoit, neis que tous les autres lieux de France 4576
estoient deffoulez. Du nombre de tous les Belgues
sommes nous aucques certains, car il a affinité
entre eulx et nous par mariage, et noz amis nous
ont dit combien d'aide chascune cité et chascune 4580
ville a promis es consaulx qu'ilz ont souvent
tenus entr'eulx. Ceulx de Beauvais et d'entour
sont de grant pouoir entre les Belgues, car ilz
sont grant nombre de gent vertueuse. Ilz ont 4584
promis qu'ilz amenront a bataille cent mille
hommes a armes, dont les xl^m sont tous esleuz
et bien combatans; et veulent estre chevetains
de toute la bataille. Apres sont ceulx de 4588
Soissons voisins, et sont grans gens et
plantureuses. Bien membre a noz peres que
Diviciacus en fu roy, le plus puissant François

de son temps; son commandement s'estendoit   4592
iusques en Bretaigne. Ores a Soissons un autre
roy qui est appellé Gabba.[128] A cellui est chargiee
la somme de la bataille enterinement par
l'assentement de tous, pour les Sesnes[129] et pour   4596
la raison et la droiture que autres scevent en
lui. Il a que citez que chastiaulx iusques a
xij., et a promis l^{m} hommes d'armes. Et
autretant ont promis ceulx de Nevers, qui ont   4600
xij. que citez que chastiaulx, dont ilz amenront
xv^{m} hommes d'armes combatans et fiers. Ceulx
d'Arras et ceulx d'Amiens x^{m}; ceulx de Therouenne
xxv^{m} avec ceulx de Hesdin; les Menapiois vij^{m};   4604
ceulx de Calais x^{m}; ceulx de Cambray xviij^{m};
Coudruois, Eburois, Ceresois, Pemanois, qui
tous estoient Sesnes par nature, environ lx^{m}."

Cesar parla franchement aux messages de   · 4608
Rains et leur dist qu'ilz feissent venir a lui
les plus anciens de leur cité et amenassent
hostages les filz aux plus puissans hommes.
Tout ce fu fait a jour nommé, si comme Cesar   4612 ·
l'avoit commandé. Puis appella Cesar a soy
Diviciacus d'Ostun. "A grant preu nous
pourroit tourner, dist il, qui pourroit
destourner que toutes ces gens ne venissent   4616
ensemble contre nous en une bataille. Et ce
pourra estre fait legierement, se ceulx de
la contree vont ou pays de Beauvoisin en proies
et ilz courrent par les champs robant et   4620
ardant villes et manoirs. Alez, dist Cesar, si

---

[128]V_3: Galba.
[129]V_3: le sens.

les y conduisez." Diviciacus fist son
commandement.

Comment les Belgues assaillirent le chastel de Libras et comment Cesar les en fist departir

Puis que Cesar sceut que tous les Belgues   4624
venoient a un effort contre lui et il les senti
en un lieu loing[130] de son ost, et ses espies lui
orent noncié que ia estoient vers Rains, il se
hasta de passer sa gent oultre la riviere d'Aisne   4628
qui courroit celle part, et se loga oultre le
fleuve. Ce lui fist grant secours, car l'yaue
le gardoit a une des costieres, que ses ennemis
ne le peussent emçaindre, et lui pouoit venir   4632
plus aisiement la viande de la cité de Rains et
d'aultres citez ensement. Sur l'yaue avoit un
pont. Cesar y mist garnison de gent d'une part,
et de l'autre part fu Quintus Titurius Sabinius[131]   4636
atout vj. cohortes de chevaliers et iij[m] que
Cesar laissa illec. Ses tentes y fist fermer
environ par devers terre de palis de xij. piez
de hault et bons fossez de xviij. piez de lé.   4640
La avoit un chastel de Rancien, Libras[132]
estoit lors appellez, et estoit a viij[m] pas de
l'ost. Ce chastel envayrent lors les Belgues
si comme ilz venoient, et y ot assailli   4644
aigrement et a grant doleur le porent retenir
ce jour; car dehors avoit telle plenté de gens
qui gettoient pierres a si grant foison, que

---

[130]V₃: non pas mout loign.

[131]V₃: Quintus Tyturius Sabinus.

[132]V₃: Bibrax.

nul ne pouoit sur les murs arrester pour 4648
deffendre. Dont il avint qu'ilz firent de leurs
escus une haie qu'ilz appelloient testue, si
vindrent par dessoubz ceste testue iusques aux
murs, dont ilz abatirent grans pans et le feu 4652
bouterent es portes. Mais le vespre vint, qui
departi l'assault. Si tost qu'il fu anuitié,
Scius, qui chief estoit de leans et noble homme
qui avoit esté legat de la paix a Cesar pour 4656
ceulx de Rains, si comme nous avons dit, envoia
batant a Cesar et lui manda qu'il ne pourroit
plus le chastel tenir contre ceulx de dehors
sans secours. 4660

    Cesar print les archiers numidiens et ceulx
de Trece et ceulx qui savoient getter a fondes,
et les fist entour mienuit aler ou chastel. Les
messages meismes les y menerent. Ceulx du chastel 4664
a leur venue furent asseurez de leur ville
deffendre et tenir. Ceulx de dehors perdirent
l'esperance du prandre, quant ilz le sceurent.
Pour ce ne se tindrent gaires devant le chastel, 4668
ains courrurent par Rancien prenans et ardans
villes et recés partout la ou ilz pouoient avenir.
Et s'en vindrent batant ensemble a l'ost Cesar, si
se logierent pres a moins de ij^m pas. Le front 4672
de l'ost et de leurs loges duroit bien viij^m pas
de lé, si comme la flambe de leurs cuisines
monstroit.

    Cesar ne se voult pas combatre a eulx 4676
tantost, pour le grant nombre de leurs gens, et
pour la renommee de leur vertu. Nonpourquant il
y envoioit chascun jour de ses chevaliers faire
grans poigneis et grans joustes. Premierement 4680
vouloit savoir de quelle vertu ses ennemis

estoient, et des siens meismes comment ilz
l'oseroient faire. Et quant il entendi que
les siens chevaliers ne valoient pas moins a 4684
armes que les Belgues, il entendi a ses batailles
ordonner. Le lieu estoit aucques convenable,
car l'ost estoit logié en un basset tertre
soubz Aisne, et la champaigne estoit assez large 4688
entre les deux osts, ou il pouoit bien sa
bataille ordonner. L'antree du tertre n'estoit
pas si roiste par devers la frontiere de l'ost
que un cheval n'y peust bien aler les galos. 4692
Cesar, qui doubtoit que la grant multitude de ses
ennemis ne tendist a ençaindre sa gent et a
enclorre, fist faire deux fossez au travers de
la champaigne longs de iiij^c piez. Au chief d'un 4696
chascun bout fist faire une tour et mist bonne
garnison dedens, affin que, se les Belgues
voulsissent les Rommains assaillir de costé pour
les ençaindre, ilz ne peussent pour les fossez 4700
et pour les destrois; ains les convenoit combatre
front a front, ou autrement neant; et il avoit
bons mangonneaux et autres gens dedens les tours.
Quant Cesar ot ce fait, il commanda aux deux 4704
legions nouvelles, qu'il avoit amenees d'oultre
les Arpes qui estoient ou conduit Quintus Pedius,
pour garder les tentes et pour avoir secours se
a besoing lui tournast. D'autres vj. legions 4708
ordonna ses eschielles. Les Belgues ordonnerent
ensement les leurs eschielles.

     Un petit marés avoit entre l'un ost et l'autre.
Les Belgues attendoient que les Rommains 4712
passassent oultre celle part a eulx, et lors
courrussent sur eulx. Les chevaliers de dedens
s'eslançoient l'un a l'autre de ça et de la.

Mais quant ce vint que les uns ne les autres ne 4716
faisoient semblant de passer le maras, et Cesar
vit que ses chevaliers en avoient eu du meilleur
au poingneis, il remist ses legions arriere es
tentes. Les Belgues se partirent tost du lieu 4720
ou ilz estoient et s'en vindrent a Aisne, la ou
ilz trouverent <la ou ilz trouverent> l'yaue
qui moins estoit parfonde pour passer une partie
de leur ost. Et estoit leur entencion telle, 4724
qu'ilz abatissent le chastel oultre le pont, que
Quintus Tutirius* gardoit, et qu'ilz trenchassent
le pont. Et se il ne <se> pouoit faire qu'ilz
trenchassent le pont, qu'ilz courussent parmy les 4728
champs des Ranciens et gastassent la terre dont
le secours de viande venoit aux Rommains, et
empeschassent leurs voitures et leur charroy.

      Quintus Titurius le fist savoir a Cesar, et 4732
il envoia celle part toute la chevalerie d'oultre
le pont. Les Numidiens et ceulx de Crete,
fondeurs et archiers legierement armez, alerent
avec. Cesar, il meisme, les suivy. Et fu aigre 4736
la bataille la ou les Belgues cuidoient passer;
mais les Rommains en orent le meilleur, qui de
terre se combatirent a eulx en l'yaue, et en
occioient grant nombre. Les autres, qui se 4740
efforçoient de passer oultre par dessus les corps
des occis, rebouterent les Rommains arriere par
force aux trenchans dars qu'ilz leurs lançoient
espessement. Ceulx qui passez estoient au 4744
commencement furent enclos des chevaliers Cesar;
assez tost les orent derompus et detrenchiez.

Com Cesar desconfist les Belgues en fuiant et comment il prist Soissons

Quant les Belgues virent qu'ilz ne
pourroient passer Aisne ne la tour abatre que   4748
Quintus Titurius gardoit, et que les Rommains ne
vouloient passer le maras pour combatre a eulx,
ilz parlerent ensemble et distrent qu'il n'avoit
tel comme de raler en son hostel dont ilz estoient   4752
venus et, en quelzconques lieux de leur pays que
les Rommains s'embatroient, qu'ilz assemblassent
tous les autres en aide, car plus aisiement se
pourroient deffendre en leurs terres que en   4756
estranges pays, car la pourroient ilz avoir
viande plus legierement, qui moult leur
encherissoit illec et leur aloit ia aucques
defaillant. Ce fist tous les Belgues a ceste   4760
sentence accorder que ceulx de Beauvoisin ne
vouloient a nul fuer plus demourer en cest ost,
comme ceulx qui nouvelles avoient eues que
Diviciacus et ceulx d'Ostun s'estoient en leurs   4764
terres embatus et les gastoient; si leur
convenoit retourner au secours.

    Quant ceste chose fu confermee, tout l'ost
s'esmut environ prime a grant noise et a grant   4768
hustin, comme gens qui fuioient. Chascun qui
mieulx mieulx se metoit a la voie sans nul ordre
tenir et sans conduit, en grant haste de venir
en leurs maisons. Cesar sceut tost ceste chose   4772
par ses espies, mais il ne souffri que nul des
siens yssist hors des tentes pour chacier, car
il ne savoit la cause de la fuie ne de leur depart
et se doubtoit que ce ne fust agait. Al ajourner,   4776
si tost qu'il fu certain de la chose, il envoia
apres tous ceulx de cheval pour retarder ceulx

qui en la queue des fuians estoient. Quintus
Pedius et Lucius Aronculius[*] les guierent. Cesar   4780
commanda que Titus Labienus les suivist atout
trois legions. Ceulx suivirent tost les Belgues
grant piece de terre et se ferirent en leur queue,
tant que moult en abatirent en celle chace. Les   4784
Belgues de la queue se soustenoient moult formént
vers l'assault des Rommains; mais ilz n'orent
secours ne aide de ceulx de devant, car ilz
fouirent la ou chascun mieulx pot si tost qu'ilz   4788
porent oir la noise de ceulx et que l'esperance
de leur sauveté estoit en fouir. Dont il avint
que les Rommains occirrent trop des Belgues sans
dommage des leurs; nul ne se pouoit retourner de la   4792
fuie, si les occioit on en fuiant, et dura ce
massacre du matin iusques au soir. Lors s'en
retournerent en leurs tentes les Rommains, si
comme Cesar l'avoit commandé.   4796
      Au tiers jour, ainçois que les Belgues,
qui desroutez estoient de paour, se fussent
raliez, Cesar s'en tourna atout son ost grant
aleure et s'en vint ou pais de Soissonnois, qui   4800
pres estoit de Rancien, et s'adreça vers la cité;
car il avoit oy que en la ville n'avoit gaires
de gens a ce point, si que la cité pourroit
prendre au premier assault. Mais ce fu neant,   4804
car les murs estoient si haulx et les fossez
si parfons, que tant pou de gens qui estoient
leans porent tenir et garder la ville toute
jour. Au soir apres tous ceulx qui de la ville   4808
estoient, et qui de la fuie s'en furent eschappez
se mistrent leans, tant que la ville fu toute
plainne. Quant Cesar sceut ce, il fist l'ost
garnir et logier, et aprester les engins telz   4812

comme il convenoit a assault. Un terrail de
rainceaux et de moutes fu erramment dreciez et
hauciez, et tours et bretesches dreciees par
dessus; un engin que les Rommains clamoient   4816
"nigrue."[133] Quant ceulx de la cité virent cel
ouvrage que les Rommains avoient aprestez en
si pou de temps, ilz furent tous esbays, et
tant doubterent la vigueur et la diligence   4820
de Cesar et des siens qu'ilz lui envoierent
messages de paix et a rendre se proposerent
aux Rommains. Cesar les receut sauves leurs
vies, leur cité et leur avoir, et par la   4824
proiere de ceulx de Rains.·   .

    Cesar en receut les hostaiges, si comme
deux filz de roy Gabbe et autres des mieulx
vaillans de la cité et du pays, et les armes   4828
furent rendues ensement.

Comment ceulx de Beauvais et d'Amiens se rendirent a Cesar

    ·   De Soissons s'en ala Cesar et mena tout son
ost a Beauvais. Si comme il fu a xv$^{\underline{m}}$ pas de la
cité, les plus vaillans de la cité vindrent et   4832
yssirent a lui et lui firent signe et par mains
et par bouche qu'ilz venoient pour eulx rendre
et mettre es mains de la poesté des Rommains, et
ne veulent pas mettre armes contre le peuple   4836
rommain. Apres, si tost que Cesar approucha
des murs de Beauvais et il fist tendre ses tentes
entour la cité, femmes et enfans monterent aux
creneaux et requeroient paix, les bras tendus et   4840

---

[133]Missing in V$_3$.

les mains ouvertes, selon leur coustume.

Diviciacus d'Ostun parla pour eulx a Cesar.
Ce fu cellui qui avoit courru par Beauvoisin en
proie tant que les Belgues furent en ost contre   4844
Cesar. Il avoit aucuns de ceulx d'Ostun renvoiez
et les autres estoient avec lui en l'ost Cesar.
"Sire, dist Diviciacus, ceulx de Beauvais ont
tousiours esté compaignons et amis a ceulx d'Ostun,   4848
et fussent encores, mais leurs maistres et leurs
princes les ont retrais, qui leur ont fait entendant
que vous tenez en servaige et en vilté ceulx
d'Ostun des celle heure que nous nous rendimes a   4852
vous, que vous feriez autretant de nous comme de
ceulx d'Ostun. Et ceulx qui ont esté chiefz de
ce conseil donner aux Beauvoisiens s'en sont fouis
en Bretaigne, pour ce que le pais est cheu en   4856
triboul et en peril par eulx. Or aiez merci de
ceulx de Beauvais pour l'amour de ceulx d'Ostun,
qui amis ilz souloient estre, et nous en serons
plus amez et plus chiers tenuz de tous ceulx de   4860
France; et nous en devons bien prier, car ilz
nous ont aidiez a maintes guerres achiever."

Cesar dist qu'il le feroit voulentiers pour
Diviciacus et pour ceulx d'Ostun, et les recevroit   4864
pour l'amour d'eulx; et pour ce que Beauvais
estoit cité grande et renommee et de grant
auctorité entre les Belgues et plaine<s> [de]
gens, Cesar en voult vj^c en hostaiges. Quant il   4868
ot les hostaiges receuz et ceulx de Beauvais lui
orent leurs armes rendues, Cesar s'en vint ou
pais d'Amiens atout son effort. Mais les
Amiennois se rendirent a lui sans demeure.   4872

Comment les Rommains furent seurprins par agait de ceulx de Nevers

Ceulx de Nevers s'estoient embatus es marches
d'Amiens en ce temps, qui en riens n'amoient les
Rommains. Cesar enquist de leurs manieres et de
leurs natures, et on lui dist que ilz ne   4876
souffreroient que nulle marchandise alast en leur
pays, dont leurs cuers eussent amoliement de
delices ne d'esbanoy. Hommes estoient cruelz
et durs et de grant vertu, qui moult blasmoient   4880
tous ceulx de France qui rendus s'estoient en la
main des Rommains et avoient getté en arriere
l'ancienne vertu de leur pays. Bien affermoient
qu'ilz n'envoieroient nulz messages a Cesar, ne   4884
nulle condicion de paix ne recevroient.

Quant Cesar ot grant piece erré celle part
ou il ouy que les Nivernois estoient assemblez,
le[s] prisonniers qu'il avoit lui firent entendant   4888
qu'ilz estoient logiez sur une yaue qui estoit
loing d'illec a x^m pas: la l'atendoient a coup.
Et ceulx d'Artois et de Vermandois, qui leurs
voisins estoient, ceulx avoient en voulenté qu'ilz   4892
se meissent en aventure de la bataille avec eulx.
Avalois venoient de devers le Rin a leurs secours
a grant effort. Leurs femmes et leurs enfans et
leurs vieulx hommes furent mis en tel lieu que   4896
clos estoit de marés et de palus, si que on ne
peust pas de legier venir a eulx.

Quant Cesar ot ce aprins, il envoia avant
ses centurions et ses espies pour convenir d'un   4900
convenable lieu ou les Rommains peussent tendre
leurs loges. En la compaignie Cesar assez y avoit
Belgues-François, de ceulx qui s'estoient rendus
a lui. Ceulx esgardoient comment les ostz Cesar   4904

erroient par chemin, l'une legion loing de l'autre
pour leur harnois qui aloit entre eulx deux. Sy
envoierent coiement de nuit a ceulx de Nevers et
leur manderent qu'ilz n'atendissent pas tant que   4908
l'ost des Rommains se fust logiee la ou Cesar
devoit ses tentes fichier pres d'eulx, mais
assaillissent la premiere legion si tost qu'elle
vendroit au lieu. Et s'ilz pouoient la premiere   4912
desbareter de front et les harnois retenir, les
autres legions ne se oseroient contre eulx
arrester. Ceulx de Nevers crurent voulentiers ce
conseil, mesmement qu'ilz n'estoient mie usagiez   4916
de grant chevalerie: tout leur effort estoit de
gens a pié. Et a pié s'estoient acoustumez de
combatre, et pour ce avoient ilz espesse ramille
et espines entremelees entour leur loge, affin   4920
que les chevaliers Cesar ne venissent a eulx de
legier pour courre en proie. Cel espinois estoit
si large et si espés que a paine pouoit on leurs
gens chosir, ne chevaulx ne pouoient a eulx avenir.   4924
      Le lieu que les Rommains avoient esleu estoit
tel: un large tertre estoit qui descendoit en
pendant vers l'yaue, qui estoit appellee Sabius.[134]
Entre l'yaue et ce tertre avoit un autre tertre   4928
plus bas, qui venoit en descendant en cellui
tertre, si que les uns venoient contre l'autre.
Environ ij^c pas avoit de l'un a l'autre. En son
le tertre qui estoit tenant a l'yaue avoit si   4932
grant boys que les Nivernois, qui leans estoient,
ne pouoient estre veuz. En ycelle partie de
tertre ou il n'avoit point de bois, estoient
par delez l'yaue tant de chevaliers comme il avoit   4936

---

[134]V$_3$: Sabis.

en l'ost de ceulx de Nevers, et les pouoit on
veoir. L'yaue n'avoit que trois piez de parfont.

    Cesar envoia toute sa chevalerie avant, et
il venoit apres atoute l'autre gent. Ne les   4940
Rommains ne tindrent pas celle ordre des legions
qu'ilz tenoient ainçois, quant ilz vindrent pres
de leurs ennemis; car Cesar avoit acoustumé, quant
il venoit pres de ses ennemis, il mettoit ou front   4944
devant quatre legions esleues, ou v. ou vj. Si
fist il a ceste fois: en mist vj. Apres aloit
tout le harnois de l'ost ensemble. En l'arriere
garde avoit deux legions pour garder et pour   4948
deffendre le harnois de l'ost ensemble en la
queue. La chevalerie Cesar passa l'yaue, et
tant de chevaliers comme ceulx de Nevers avoient
leur furent a l'encontre, et s'eslancerent les   4952
uns aux autres, tant que grant y fu le hustin et
le poingneis. Ne ceulx de Nevers ne pouoient
deffendre leur passage, car les Rommains avoient
les arbalestriers et ceulx aux fondes ou premier   4956
front, qui la place delivroient. Mais tant
avoient d'avantage les Nivernois que le bois
leur estoit pres: quant ilz avoient hurté aux
chevaliers Cesar, si fichoient eulx leans avec   4960
les leurs, puis ressailloient hors au hustin.
Tant comme ilz estoient au large, les Rommains
leur courroient sus; mais ou bois ne s'osoient
ilz mettre apres eulx. Pendant ce les vj. legions,   4964
qui venues estoient avant, se appresterent a
leurs paveillons et a leurs loges drecier. Et
si tost comme ceulx de Nevers, qui repost estoient
ou bois, apparceurent le premerain harnois de l'ost   4968
aux Rommains, ilz saillirent de toutes pars, car
ainsi l'avoient ilz establi entr'eulx, et ilz

avoient leurs batailles ordonnees ou bois, si
ferirent de toutes pars es chevaliers rommains.   4972
Ilz les orent tresperciez et desrompus plus tost
que l'en ne pourroit cuidier; ilz courroient
iusques a l'yaue et les veoit l'en de toutes
pars et au bois et au plain. Et aussi tost orent   4976
ilz courrus en l'autre tertre ou les Rommains
avoient leurs loges commencees a drecier.

  Et ot Cesar moult de choses a faire a un
seul point, si comme de l'aigle drecier et mettre   4980
en hault: ce estoit l'enseigne quant ses ennemis
devoient courre aux armes; a sonner la buisine
pour rappeller de leur oeuvre ceulx qui se
cuidoient logier, et ordener ses batailles, et   4984
a enhorter ses chevaliers de bien faire, et a
ordonner l'enseigne de l'assembler. La greigneur
partie de ces choses empeschoit la briefté du
temps et ce que les Nivernois s'estoient ja ferus   4988
entr'eulx. A toutes ces grieftez ilz n'avoient
que deux consulz et deux aides: c'est que les
chevaliers Cesar estoient sages et entroduis par
l'usage des batailles ou ilz avoient esté armez,   4992
et savoit chascun ce qu'il devoit faire au
besoing sans enseignier, et ce que Cesar avoit
commandé aux legas connestables de chascune legion
qu'ilz ne se departissent de leurs gens a nul   4996
fuer quant ilz commenceroient aucun oultrage.[135]
Ceulx furent presens au besoing; si fist chascun
du mieulx qu'il pot de ceulx qu'il avoit a garder.

  Cesar commanda endroit soy ce qu'il avoit a   5000
commander et enhorta ses hommes de bien faire, et
courroit en tel lieu qu'aventure lui avoit apresté

---

[135]V$_3$: ovraigne.

pour aler a eulx. La xe legion fut par devers lui
a parler a sa gent. Ne les detint pas par longues   5004
parolles; ytant leur dist que pour l'amour des
dieux et pour leurs vies et leurs honneurs sauver
leur remembrast de leur premiere vertu ne ne
fussent troublez pour nulle paour, et soustenissent   5008
viguereusement l'assault de leurs ennemis. Et leur
donna la duis d'assembler a leurs ennemis, qui pres
estoient au get d'un dart et l'avangarde avoient
ja desroute[e] et tresparcee. Si comme Cesar   5012
aloit aux autres pour eulx enhorter d'autre part,
si trouva qu'ilz combatoient ia; car ceulx de
Nevers furent si appareilliez de combatre, que
les Rommains n'orent pas assez temps de leurs   5016
heaumes lacier ne de leurs escus prendre, ne le
connestable de partir et livrer place a la partie
ou chascune vint quant ilz se furent tournez de
leur oeuvre, chascun se tint, a celle banniere   5020
que il trouvoit premeraine, que il ne perdist le
temps de combatre pour entendre a querre la
sienne banniere.

Comment les Rommains et ceulx de Vermandois et d'Artois se combatirent

De mieulx que chascun des connestables pot   5024
ordonner sa legion comme en haste en tel lieu et
en tel besoing ou l'en ne pouoit pas bien garder
l'ordre ne la discipline de la chevalerie, de
celle part ou chascune legion estoit, si se   5028
deffendoit chascun selon son pouoir de ses
ennemis. La ramille et li espinois espes
empeschoient si les Rommains qu'ilz ne se
pouoient plainement gaitier de leurs adversaires   5032
qui leur sailloient des agais ou ilz se fichoient

quant ilz avoient fait leurs cours. Or les
veoient, or n'en veoient nulz, et ne savoient
les Rommains de quel part ilz se peussent garder.   5036
La ot mainte diverse aventure.

     Les chevaliers rommains de la legion ix^e
et de la xe, qui a senestre estoient, lançoient
dars et gettoient a ceulx d'Artois, qui lassez   5040
estoient de courre et de saillir, et les
requeroient si asprement que ilz les reculerent
iusques a l'yaue; mais moult les avoient ainçois
navrez et plaiez. Et si comme ilz s'efforçoient   5044
de passer, les Rommains les enchacierent, et en
occistrent et abatirent grant partie. Jusques
oultre l'eaue passerent les chevaliers de ces
deux legions, et le remenant de ceulx d'Artois,   5048
qui s'estoient raliez a la bataille oultre
l'yaue, firent vertir a la fuite, ou ilz
voulsissent ou non. D'autre part ceulx de
l'uitiesme legion et de la xj^e mistrent par force   5052
iusques a l'yaue ceulx de Vermandois, et se
combatirent aigrement sur la rive de < de > l'yaue
l'un et l'autre. Lors vint Reduonatus,* qui
chief et sire estoit de ceulx de Nevers, si   5056
s'adresce atout son effort vers la xij^e legion,
qui estoit ou destre cor, et vers la xe legion,
qui estoit pres d'icelle. L'une des parties
de Nivernois commença a enclorre les legions a   5060
l'un des costez; l'autre partie s'adreça la ou
les tentes des Rommains seoient en hault lieu.

     En ce mesmes point avint que les chevaliers
et les pions, qui legierement estoient armez et ou   5064
premier assault avoient esté tresperciez des
Nivernois, qui aigrement les avoient requis, si
comme nous avons dit, s'en cuidoient repairier

aux tentes si encontrerent leurs ennemis en leur 5068
voie, Roduonatus et les siens. Lors s'en
tournerent en fuite d'autre part. Les autres,
qui remes estoient es tentes ou plus hault tertre,
et qui avoient veuz ceulx d'Artois oultre l'yaue 5072
chacier par force des leurs, et pour ycelle fuite
estoient yssus hors des loges pour praer, quant
ilz encontreroient emmy leur voie ceulx de Nevers
qui s'estoient embatus en leurs tentes, si se 5076
mistrent a la fuite moult esbays. Adonc le cry
et la noise leva entre ceulx qui le harnois
amenoient, qui encore ne s'estoient pas tous
deschargiez, et furent si espoventez que l'un 5080
fuioit ça, et l'autre la. Les chevaliers de
Trieves estoient en l'ost Cesar, que les citoiens
avoient envoiez en l'aide des Rommains, et les
plus renommez de France estoient en ce temps. 5084
Quant ilz virent les Nivernois courre par les
tentes et par les legions et fouler et enchacier
aux espees et a autres armes, et fouir de toutes
pars chevaliers et pions rommains et archiers 5088
numidiens et ceulx aux findes, ylz cheirent en
deseperement que Cesar ne les siens ne deussent
avoir sauveté, si tournerent en fuite droit a
Trieves, et renoncerent a leurs citoiens que 5092
Cesar estoit desconfit et les Rommains desbaretez,
et que tollues leur avoient ceulx de Nevers
leurs tentes et tout leur harnois a force.

Comment Cesar vint reconforter sa xij.^e legion

Cesar s'estoit parti de la xe legion, qu'il 5096
avoit moult enhortee a bien faire, et estoit venu
poingnant a la xij.^e pour elle reconforter. Mais

alors il trouva les siens moult grevez en celle
legion, car ceulx de Nevers les enchaçoient et
tenoient a destroit, tellement qu'ilz n'avoient
pouoir d'eulx deffendre, ne tant d'espace qu'ilz
peussent de leurs espees ferir pour la presse, si
en fut moult angoisseux; et mesmement pour ce que
le confanonier qui portoit l'enseigne de la quarte
cohorte (dont il y a xiij. en une legion, car la
cohorte est de v.^{c} hommes, et en la legion a vj.^{m}
et v.^{c} avec tout) estoit occis et l'enseigne
abatue, et tous les centurions de celle quarte
cohorte mesmement occis, et des autres cohortes
tous les centurions estoient ou mors ou
angoisseusement navrez, et Presextus, * un noble
chevalier rommain fort et vertueux, qui par sa
hardiesce donnoit grant poesté aux autres, si
durement navrez que les autres s'en aloient
afoibloiant et s'en tournoient de la bataille
pour ce qu'ilz le veoient si ataint de moult de
plaies, et tant avoit combatu et saignié que a
paine se pouoit mes soustenir. Apres il veoit
que ses ennemis feroient et abatoient les siens
et de front et de costé sans entrelais, et senti
son affaire en grant peril, comme cil qui n'avoit
entour lui homme fres qu'il peust laissier courre
a ceulx et les siens aidier qui lassez estoient et
a destroit. Lors print l'escu au col a l'un de
ses chevaliers, car il estoit la venu sans escu,
et un faussart trenchant, si point le destrier et
s'eslança vers Roduonatus qui sire estoit des
Nivernois, et abatoit les siens et fouloit
durement. Cesar le fery si durement du faussart
d'acier ou senestre cousté, que oncques ne haubert
ne autre armeure ne le garanti que le fer ne lui

5100

5104

5108

5112

5116

5120

5124

5128

5132

passast parmy le foye oultre et lui yssi parmy le
destre costé. Il estort son cop et Roduonatus
chey mort en la place. Et puis se fery Cesar ou
premier assault, si commença a parler et a escrier
a tous ses connestables et ses centurions par leur
noms, et les autres chevaliers semonnoit a bien
faire et qu'ilz eslargissent leur conroy, qu'ilz
tenoient trop serrez, pour avoir greigneur espace
a ferir des espees, et adreçassent leurs enseignes
vers leurs ennemis. Les chevaliers recouvrerent
toute leur esperance de vertu a sa venue et
reprindrent cuer de combatre, tant pour avoir
le gré de leur commandeur qui present estoit et
venu a leur secours, comme pour leurs vies
garantir qui estoient en peril. Et le firent
si bien que l'enchas de leurs ennemis fut un
pou retardé a celle empainte.

      Ensement quant Cesar vit la vij^e legion
estre grevee et atainte de Nivernois, qui avoient
abatus et occis Cotta, un prevost a connestable
de celle legion, il admonnesta les tribuns et les
centurions qu'ilz joinnissent petit a petit la
vij^e legion a la xij^e, car elles n'estoient
gaires loing l'une de l'autre. Quant ce fu
fait, il commanda que les bannieres fussent
toutes adrecees vers ses ennemis. Ilz le firent
voulentiers, ne nul ne se faint de combatre ne
de soy retourner et tenir contre ses adversaires,
comme gens qui se doubtoient d'estre enclos et
acraventez s'ilz tournassent le dos. Si comme
la bataille se contenoit, ainsi les deux legions
que Cesar avoit establies en arriere garde apres
le harnois oyrent que li estour estoit
recommencié et que les leurs en avoient le

5136

5140

5144

5148

5152

5156

5160

5164

pieur, si s'esmurent a courre tant que ceulx
de Nevers les choisirent dessus le tertre   5168
d'autre part.

Comment la xe legion Cesar desconfist ceulx de Nevers

Titus Labienus, qui duc estoit de la xe
legion et qui ia s'estoit combatu es loges des
Nivernois apres la desconfiture de ceulx d'Artois   5172
et de Vermandois, oy et vit du tertre ou il estoit
la noise et le hustin que ceulx faisoient es
loges aux Rommains ou ilz s'estoient embatus,
si envoia la batant la xe legion pour secours   5176
faire a ceulx des loges et des tentes qui besoing
en avoient moult grant et en quelque lieu ou le
hustin estoit, ala chascun le plus tost qu'il
pot.   5180
            Quant Titus Labienus et ceulx de la xe
legion vindrent la ou les compaignons Cesar
estoient, si fut li affaire si ataint et si
changiez et muez souldainement que les Rommains   5184
qui estoient cheuz et navrez s'apuierent sus
leurs escus et se drecerent emprés, et se
combatirent a effort derechief. Ceulx de Nevers
furent si espoventez qu'ilz prindrent a fouir,   5188
et ceulx de la mesgnie Cesar qui avoient avant
fouy se retournerent et se combatirent de toutes
pars pour abatre la deshonneur de leur fuite.
Neis les desarmez se mettoient encontre les   5192
armez. Quant les Nivernois sentirent qu'ilz
estoient en la derreniere esperance de santé ou
de vie, ilz cueillierent hardement et receurent
si grant vertu que, quant les uns d'eulx   5196
cheoient, les autres les amonceloient et

montoient sur le tas des abatus, et lançoient
dars et autres armes sur les Rommains, et
mesmement ceulx que les Rommains leur lançoient,   5200
car ilz les arrachoient des navrez. Mais en
la fin tourna le meschief sur eulx. Ceulx qui
eschaperent des leurs ne s'osoient mettre en
l'yaue et les veoit l'en ramper et monter les   5204
rives roides et haultes, les tertres et les
rochiers, si comme leur cuer les menoit, qui
leur<s> faisoit legiers ce qui estoient pesans
aux hommes sans vertu et sans hardement.   5208
        Quant la bataille fu finee et noncie[e]
aux vieulx hommes et aux femmes et aux enfans
enclos es marais et es palus, ilz orent paour
et fureur grant. Et pour ce qu'il<z> leur   5212
sembloit que riens ne les peust garantir, eulx
qui estoient vaincus contre ceulx qui victoire
avoient de leurs puissans hommes, ilz envoierent
par commun assentement de tous a Cesar. Les plus   5216
anciens de tous y alerent; ceulx lui crierent
mercy, et lui distrent que de vj^c senateurs
qui estoient es[136] banniere des Nivernois n'y avoit
demourez que trois; de lx^m hommes n'y avoit a   5220
peine remestz vj^c qui armes peussent porter: a
neant estoient venuz, les noms et la gent
Nivernoise; or eust Cesar pitié et mercy d'eulx.
Cesar qui ce oy ot pitié et mercy d'eulx et leur   5224
commanda qu'ilz repairassent en leurs terres et
en leurs villes et en leurs chastiaulx arriere, et
fussent en paix. Aux voisines citez commanda
que nulz ne leur fist desraison.   5228

---

[136]V$_3$: a la.

Comment les Rommains pristrent les Avalois et les vendirent

Une gens que on appelloit Avalois venoient
en aide a ceulx de Nevers. Mais si tost comment
ilz oyrent la nouvelle de la desconfiture, ilz
s'en retournerent a leurs hostelz. Mais puis   5232
ilz vuiderent toutes leurs villes, si s'en
entrerent en un fort chastel atout quanqu'ilz
avoient. Le chastiau estoit fort et deffensable
et bien garny. Il seoit sur une roche haulte   5236
tant que l'en pouoit regarder aux yeux. Une
entree y avoit a ij^c piez de hault seulement.
Celle estoit fermee de doubles murs haulx et
espes, chargiez de quarriaux et de pieux de   5240
chaisnes agus. Anciennement estoient yssus
yceulx Avalois de Tymbres et de Tyois qui
venoient en ost sur les François; ceulx la
meismes laisserent sur le Rin une partie de leur   5244
charroy et de leur harnois, qu'ilz ne pouoient
mener, atout grandes gardes ou avoit bien vj^m
hommes, qui apres la mort des autres qui cheirent
en bataille, demourerent illecques; et furent   5248
longtemps en guerre et en bataille vers leurs
voisins du pays, de qui ilz estoient assaillis,
et ilz les rassailloient ensement. Au derrenier
firent paix et demourerent illecques.   5252

    Lors que Cesar approucha ce chastel ou ilz
estoient atout son ost, ilz yssoient souvent de
leans et courroient et hurtoient aux Rommains;
apres se refichoient ou chastel tant que Cesar   5256
fist faire entour mottez et bretesches et
chastiaux de fust. Lors convint qu'ilz tenissent
l'ost Cesar en paix. Puis fist faire Cesar
autres engins pour prendre la ville, et un   5260

terrail fist il drecier, et en son le terrail
une grant tour de fuste faite sur roes. Les
Avalois quant ilz virent celle tour drecier
loing du mur, ilz les escharnissoient et disoient 5264
des creniaulx: "Moult estes folz, se vous
cuidiez celle grant tour amener iusques aux murs
par force que vous aiez ne par corsages, qui
semblez moins a la comparoison de nous." Et 5268
vraiement et Avalois et François sembloient
estre plus grans au temps de lors que les
Rommains, si les avoient en despit et ne
cuidoient qu'a nul fuer peussent celle tour 5272
attraire iusques au mur du chastel de si loing.
  Mais quant ilz virent la tour approucher
et crosler par le sens et par l'engin des
Rommains, ilz furent moult esbays de si grans 5276
nouvelletez, qu'ilz n'avoient oncques mais
veues. Lors envoierent leurs messages a Cesar
pour parler de la paix, qui parlerent ainsi:
"Cesar, ceulx de leans vous mandent que ilz ne 5280
cuident pas que les Rommains maintiennent leur
guerre sans la divine aide du ciel, qui si
grant ouvraige puet mouvoir si tost et si
vistement, et veullent mettre en vostre main 5284
eulx et quanqu'ilz ont, pour celle merveille
que ilz oient et voient que les Rommains [font].
Une seule chose vous proient et requirent: que,
se vous en avez misericorde, ne les despouilliez 5288
pas de leurs armes, car ilz sont hays de leurs
voisins qui avoient envie de leur vertu; ne ilz
ne se pourroient pas deffendre sans armes de
leurs ennemis: mieulx leur vauldroit entrer 5292
en tous perilz de bataille contre Rommains et
habandonner eulx a fortune, que cheoir desarmez

es mains de ceulx a qui ilz avoient tout temps
eu guerre et dont au dessus ilz avoient esté et   5296
seigneurs. Et pour ce, se les Rommains ont en
eulx celle pitié et celle franchise que l'en dist,
bien pourroient leurs armes a ceulx du chastel
laissier, et feussent seigneurs de leurs corps et   5300
de leurs autres avoirs."

  Cesar respondy aux messages: "Je suy prest
de la ville recevoir et de sauver la plus grant
partie par acoustumee debonnaireté plus que par la   5304
merite de ceulx de leans, se ilz se rendent ainçois
que le mouton ait hurté a leurs murs. Mais il n'y
ara ja condicion nulle, car ie vueil estrousseement
qu'ilz rendent leurs armes et soubsmettent en ma   5308
mercy, et ie leur seray doulz ainsi que j'ay esté
a ceulx de Nevers: je les garantiray et sostenray
vers privez et vers estranges, tellement que nul
ne leur osera riens meffaire, autressy comme ie   5312
garanty ceulx de Nevers."

Comment les Avalois rendirent eulx et leurs armes a Cesar et comment ilz
retindrent une partie de leurs armes en traison

  "Sire, dient les messages, nous ferons
vostre commandement et renoncerons vostre voulenté
a noz citoiens." Lors entrerent en la ville et par   5316
commun conseil getterent es fossez dehors de leurs
armes, que les connestables venoient depuis les
creneaux du mur de la ville iusques aux creneaux
du terrail que les Rommains avoient drecié par   5320
dehors. ·Nonpourquant ilz retindrent bien leans la
tierce partie de leurs armeures en repost; les
Rommains cuiderent qu'ilz eussent tout rendu.

Puis ouvrirent les portes et furent ce jour en 5324
paix, et aloient et venoient les uns aux autres.

Au soir commanda Cesar que les portes
fussent closes et que nul des siens ne remansist
leans: ne vouloit que nulz des Rommains fist mal 5328
ne ennuy a ceulx de la ville. Mais ilz prinstrent
conseil entr'eulx et distrent telz y ot qu'ilz
estoient mal baillis, car Cesar mettroit leans sa
garnison de chevaliers qui fouleroient la ville, 5332
ou au moins ilz ne les maintendroient pas vers
leurs ennemis: ne pouoient faillir a l'un des
deux. Pour ce meurent leurs courages, si
pristrent tant d'armes come ilz avoient repostes 5336
et firent escus de chesnes et d'osiers que ilz
couvrirent de cuir, selon ce que la brieté du
temps le requeroit. Puis s'en yssirent entour
mienuit du chastel tous ensemble et s'en 5340
monterent soudainement es beffrois que les
Rommains avoient dreciez de celle part ou le
lieu estoit plus legier a monter. Ceulx des
beffroys alumerent les feux, si comme Cesar 5344
l'avoit commandé et enseignié, et tantost les
autres gardes sorent lors par le feu que ceulx
avoient mestier de leur aide, si coururrent la
batant. Ceulx de la ville, qui sentirent l'effort 5348
des Rommains, sceurent bien que toute leur
esperance de sauveté gisoit en leur vertu. Se
combatirent si aigrement et soustindrent les
coups des pierres et des dars qui de bas et de 5352
hault leur venoient espessement, que iiij^m en
y ot d'occis des leurs a celle empainte; les
autres furent reboutez en la ville. L'endemain
furent les portes brisees sans deffense. Cesar 5356
et les siens entrerent en la ville, et furent les

citoiens pris et vendus a ceulx qui acheter les
vouloient, et envoiez en divers lieux, bien
environ liiij^{m}: tant en compta l'en devant Cesar.   5360
Et toute la ville fut arse et destruite, et li
avoir prins et departis aux souldoiers.

    En ce temps vindrent nouvelles certaines
a Cesar que plusieurs citez de la marine de   5364
Bretaigne s'estoient rendues a Publius Crassus,
le jouvencel que il avoit la envoié atout une
legion, et toute Bretaigne s'estoit mise en la
main des Rommains. Les aigles estoient receues   5368
es citez, si comme en Rennes, en Nantes, en Vennes
et en ses autres forteresces.

    Quant ce fu fait, toute France fu presque
appaisee, la renommee en courrut partout, et   5372
tant que les barbes[137] d'oultre le Rin envoierent
leurs messages a Cesar, et lui manderent qu'ilz
estoient prests de lui livrer ostages que ilz se
tendroient a son commandement. Cesar respondi   5376
aux messages que il vouloit aler en haste en Ytalie
oultre les mons, si revenissent a lui ou premerain
esté, et il les orroit. Lors fist mener ses
legions en Chartain et en Touraine pour yverner,   5380
car ce pays estoit assez pres du lieu ou la
bataille avoit esté faite a ceulx de Nevers. Et
quant ce fu fait, il s'en ala en Ytalie et manda
par lectres a Romme comment il avoit exploitié,   5384
si que les senateurs iugerent que l'en en feist
feste et oroisons a Romme xv. jours entiers,
qui oncques n'avoit esté fait devant a nulz autres.

---

[137]V_3: barbre.

Comment Cesar envoia Galba pres de Mongieu pour le chemin garder et il passa Morienne

Quant Cesar s'en dust aler en Ytalie, si   5388
comme nous avons dit, il charga une legion a
Servius Galba et chevaliers assez pour mener vers
Mongieu, car il vouloit tant faire que le chemin
fust si seurs de celle part que marchans et   5392
voitures y peussent aler franchement. Il s'en
passa par les vaulx de Morienne, et avoit donné
a Galba en commandement que, s'il estoit mestier,
qu'il feist yverner sa legion entre les mons.   5396
Celle legion estoit la derreniere. Et fist Galba
la entour maintes batailles dont il ot la victoire,
et prist villes et chastiaux tant que par tout le
pays lui envoioient messages et lui offroient   5400
hostages de paix. Il print les chastiaulx et
retenoit les villes en paix. Puis envoia deux
legionnaires cohortes de mil chevaliers--car
tant a il de chevaliers en deux cohortes--en   5404
la cité de Maience pour seiourner la et pour
garder le pays. Il s'en vint droit a Chablois,
la ou saint Morisse gist, et mena avec soy le
remenant de sa legion, ou il avoit environ vj^m 5408
et v^c pour demourer illecques tout l'yver. La
ville seoit en une valee non pas moult grande.
Delez avoit une plaine, et les montaignes
estoient tout environ haultes et grans. Une   5412
yaue departoit la ville en deux parties; en
l'une des parties mist Servius Galba yceulx
François qui estoient en l'ost, et les autres de
sa legion mist en l'autre partie, et fist faire un   5416
fossé entour son ost et hault terrail.
    Quant grant partie de l'iver fu passé et

Galba ot commandé que l'en portast en l'ost avoyne
et froment et autre vitaille il ne se donna garde,　　　　5420
que on lui dist que les François s'en estoient
tous retournez de nuit et avoient guerpis leurs
maisons dela l'yaue ou Galba les avoit fait logier
a une part, si comme nous avons dit. Et lui fu　　　　5424
dit que les montaignes d'entour Chablois estoient
toutes plaines de gens d'armes des villes et des
citez entour les Alpes. Et plusieurs raisons y
avoit pour quoy yceulx François avoient prins　　　　5428
souldain conseil de bataille renouveller et
d'envahir celle xij[e] legion que Galba gardoit:
pour ce que ilz veoient la legion desmembree et
affoibliee de ceulx qui estoient remez en　　　　5432
garnison a Maience, ou il avoit deux cohortes
de mil hommes et d'autres qui aloient pour la
viande conduire et amener a l'ost: si leur
sembloit plus foible le remenant; apres, ilz　　　　5436
leur sembloit que les Rommains de celle legion
n'eussent ja duree a eulx, pour ce qu'ilz estoient
enclos en celle valee, et les dars et les pierres
leur vendroient des montaignes d'amont. Apres,　　　　5440
les François estoient dolens que les Rommains
tenoient leurs enfans en hostages que Gelba[138]
avoit receuz des citez (tout ce pays de la estoit
appellé France a ce temps). Enseurquetout, il　　　　5444
n'estoit pas advis aux François que les Rommains
gardassent ces destrois seulement par les chemins
garder aux marchans, mais pour estre en saisine
de l'entree de France que ilz cuidoient tenir　　　　5448
a tousiours mais.

　　Quant Servius Galba sceut ceste nouvelle,

―――――――――――――――――

[138]V₃: Galba.

qui n'avoit pas assez froument pourveu en son ost
ne parfaite sa garnison des fossez ne des beffrois,   5452
comme cil qui avoit ses hostages receuz ne ne
cuidoit estre en nul regart de bataille, il
appella a soy tous ses hommes pour oyr la sentence
de chascun en haste et que l'un et l'autre lui en   5456
loeroient, car il estoit cheu en si grant peril
et en si souldain, que l'en veoit mons et tertres
plains de gens armees de toutes pars, et le secourt
leur estoit entreclos, et les voitures qui la   5460
viande devoient apporter a ceulx qu'il avoit mis
en la valee tout l'yver. Le desesperement de
salut fu grant entre les Rommains. Les uns
donnoient conseil de guerpir et de laissier tout   5464
le harnois, et de mettre leurs corps a sauveté
et passer et eschapper a force par ce mesmes lieu
ou ilz estoient passez. Toutes fois pleust a la
greigneur partie d'atendre illecques ce que   5468
fortune leur <s> donroit et deffendre leurs tentes
et leurs garnisons.
    Ne demoura puis gaires tellement que a peine
orent ilz leurs deffenses ordonnees, quant ceulx   5472
des montaignes sonnerent buisines et les assaillirent
de toutes pars, et gettoient a effort pierres et
dars contraval sur telz deffenses comme Rommains
avoient appareilliez. Leurs coups ne venoient   5476
pas en vain, ains dommagoient la legion durement,
et guerpissoient leurs estaulx, et leurs
herberges demouroient desnuees. Les plus fres
recouroient en leurs lieux pour les secourre et   5480
aidier a leur pouoir; mais ce les destruisoit
que ceulx des montaignes estoient tant que, quant
ilz avoient un long assault a maintenir et ilz
estoient las, ilz se retraioient arriere, si   5484

entroient les nouveaux en leurs lieux, ainsi
duroit l'assault sans entrelaissier. Mais les
Rommains estoient si pou a la comparoison de
ceulx, que ilz ne pouoient faire, ains convenoit   5488
qu'ilz soubstenissent l'estour sans entrelaissier
de nulle part. Neis les plaiez n'avoient nul
pouoir de eulx tourner de la ou ilz estoient
plaiez ne de retourner leurs corps a sauveté.   5492

    Et quant ceulx d'amont orent mis a
l'assault plus de vj. hommes[139] continuelz, si que
le[s] Rommains estoient moult affoibloiez et
n'avoient mais que traire ne que lancier, les   5496
François commencerent le fossé a emplir et
les palis a detrenchier qui cloioient leurs
tentes. Et estoit ja la chose a ce menee que
les Rommains n'avoient nulle esperance de sauveté;   5500
a tout perdre estoient, tant que Publius Sereius,[*]
le centurion qui avoient[140] eues les plaies en la
bataille contre ceulx de Nevers, et Gayus
Valusenus,[141] homs de grant conseil et de vertu,   5504
qui tribun estoit des chevaliers, vindrent a
Galba et lui distrent que ilz ne savoient nulle
esperance de salut, se ce n'estoit de passer les
fossez et palis a force oultre contre leurs   5508
adversaires et eulx mettre en l'aventure de les
rompre et trespercier ainçois qu'ilz se meissent
es tentes et les occeissent illeuc tous enclos.
Galba appella lors tous les centurions et   5512
commanda par eulx aux chevaliers qu'ilz
laissassent le lancier et le ferir, et

---

[139]V3: hores.

[140]V3: ot.

[141]V3: Gaius Volusenus.

entendissent seulement a recevoir les coups
des dars sur leurs escus, tant qu'ilz eussent 5516
leurs alaines reprinses.

 Et quant ce fu fait et ilz se furent un
petit reposez, ilz s'esmurent tous ensemble
a un effort au son d'une buisine, si s'en 5520
yssirent des tentes parmy portes qui estoient
es lices, et bien leur fu dit qu'ilz meissent
leur esperance en eschapper en leur force et
en leur vertu. Et eulx si firent, ne oncques 5524
leurs ennemis n'orent pouoir ne loisir de
savoir qu'ilz devoient faire ne d'eulx mettre
ensemble pour retenir leur course; ains s'en
passerent parmy eulx a force. Et fust la 5528
fortune ainsy muee que ceulx qui les Rommains
cuidoient maintenant tous occirre en leur
tentes, furent enclos et en y ot d'occis
largement x^m de ceulx d'entour et xxx^m qui 5532
la estoient. Les xx^m s'en fouyrent ça et la, si
que oncques ne s'oserent arrester, neis es
montaignes ou ilz avoient sis, tant furent
espoventez. Les Rommains, quant ilz orent leurs 5536
ennemis desconfis, et occis et chaciez, et leurs
armes et leur harnois ars, ilz s'en entrerent en
leur[s] tentes. Et apres celle bataille Galba, qui
vit que sa gent n'avoient pas plenté de viandes 5540
pour passer l'yver, ne ne vouloit pas de rechief
esprouver la fortune de bataille en tel destroit
qu'il ne lui en vint mal; ne froment ne pouoit il
pas avoir ne conduire a son ost sans grant gent, 5544
et perilleuse chose estoit de departir sa gent en
trois ne en quatre parties. Si fist bouter le
feu en ses loges et en toutes les maisons de la
ville de Chablois, et achemina son ost et conduist 5548

sain et sauf en Bourgoingne. Oncques ne
trouva homme qui lui contredeist.
Illec demoura tout le remenant de l'yver.

Comment ceulx de Vennes et des autres prindrent le[s] messages Cesar

Quant ces choses furent faites et Cesar   5552
cuidoit que toute France fust rapaisie en toutes
manieres (car les Belgues estoient surmontez,
les Sesnes hors chaciez oultre le Rin, les
Sedulnois desconfis es Alpes par Galba, les   5556
Bretons susuris[142] par Publius Crassus, a qui les
citez de la marine estoient rendues, et Cesar,
pour la paix qu'il cuidoit estre enterine par le
pays, s'en estoit passez oultre les mons en yver   5560
vers Venise et vers Esclavonie pour congnoistre
les affaires de la) une souldaine guerre leva
en France par devers la marine de Bretaigne contre
la vij^e legion. L'achoison de la guerre fu telle: 5564
Publius Crassus avoit yverné en celle marine de
Bretaigne atout la vij^e legion et, pour ce que
petit avoit de froment la ou Publius et sa legion
devoit yverner, il envoia aux voisines citez   5568
environ les prevosts et les tribuns des
chevaliers pour froment et avoyne querre.
Et Quintus Velanus[143] et Tytus Silvius*
furent envoiez en la cité de Vannes qui estoit   5572
la plus renommee cité de toute la mineur
Bretaigne a ce temps pour la grant navie qu'elle
avoit et les sages maronniers qui toute jour
passoient en la grant Bretaigne et trop savoient   5576

---

[142]V$_3$: souzmis.
[143]V$_3$: Quintus Velanius.

de mer. Ne nulz n'erroit par celle mer en ce
temps qu'il ne rendist treu a ceulx de Vennes.
Quant ceulx de Vennes virent Quintus Velanus
et Tytus Silvius venus au froment, ilz prindrent   5580
conseil ensemble d'eulx retenir tant que Publius
Crassus leur eust rendu leurs hostages qu'il
avoit receu du pays: il leur pesoit qu'ilz
estoient de rien en la subieccion des Rommains.   5584
Ceulx des autres citez firent ensement de ceulx
qui leur <s> estoient envoiez, par exemple tant
que Tytus Terrasidius et Marcus Crebius* furent
ensement retenus a Resnes et ailleurs.   5588

Comment Cesar fist faire nefz pour venir a Vennes

Les coniuroisons furent faites ysnelement
entre les princes des citez qui mieulx se
vouloient abandonner a toute fortune que remanoir
ou servage des Rommains. Lors envoierent toutes   5592
les citez et les villes de la marine par commun
conseil leurs messages a Publius Crassus et lui
manderent qu'il leur rendist leurs hostages s'il
vouloit recouvrer les siens qu'ilz avoient retenus   5596
et prins.
Publius Crassus fist ceste chose savoir a
Cesar, qui estoit moult loing. Cesar fist faire
nefs grans et longues en Loire, qui chiet en la   5600
mer Occeane par devers Bretaigne, et fist querre
gouverneurs et nageurs en Prouvence et en
Bourgoingne que il envoia a ce navire conduire
et gouverner. Quant ce fu fait, lors qu'il estoit   5604
ou milieu de mars et Cesar vit convenable le temps,
il s'esmut a tout son ost a aler vers la cité de
Vennes. Ceulx de Vennes et des autres citez,

qui oyrent certainement que Cesar venoit sur eulx 5608
et savoient vraiement que moult estoit leur
forfait grant, comme ceulx qui avoient les
messages retenus et leurs lectres contre commune
coustume (car messages ne doivent avoir garde en 5612
nulle region) sy se pourveurent d'armes et d'autres
choses convenables a bataille et mesmement de navire;
et moult se fioient en ce que les lieux de leurs
citez estoient fors par nature: les flos de mer 5616
empeschoient que on n'y pouoit avenir en mains
lieux. Estranges navires ne leur pouoient pas
faire grant grief de legier, pour ce que petit
y avoit pors, ne estranges gens ne savoient pas 5620
bien le chemin. Apres, il leur sembloit que
l'ost des Rommains n'eust pas loisir de
longuement demourer entour eulx pour souffrete
de froment. Avec ce les confortoit que ilz 5624
cuidoient plus savoir de mer et d'yaue que
les Rommains, ne les Rommains n'avoient nefs,
ne ilz ne savoient les pors ne les guez des
lieux ou ilz devoient a eulx bataillier, ne les 5628
ysles d'entour. Autre maniere avoit de nagier
en estroit<t>e mer enclose, et autre maniere en
large mer d'Occean. Ainsi faitement garnirent
leurs villes et leurs chastiaulx, et y porterent 5632
les fromens des champs et des villes champestres;
toutes les nefs qu'ilz porent ilz amasserent
entour la cité de Vennes, car la cuidoient ilz
avoir la bataille tout avant. Ilz pourchascerent 5636
en leur aide ceulx d'Eu et de Liseux en Normandie,
ceulx d'Amiens, de Pontieu, et ceulx de Therouenne,
et d'Angleterre meismes manderent gens.

   Assez y ot greveures et destourbemens aux 5640
Rommains qui sur eulx devoient venir, mais

nonpourtant assez de choses esconmouvoient Cesar
a ce que il venist sur eulx: tout avant, ce qu'ilz
eussent retenus les chevaliers rommains et s'aloient 5644
rebellans; apres, ce qu'ilz s'estoient rendus, et
deffaillis avoient apres leurs hostages livrez,
et ce que tantes citez estoient ensemble
tournees, se il n'en faisoit plus, ainsi feroient 5648
les autres regions, si pourroit tout perdre. Si
faitement, quant Cesar entendi que apres que
toute France s'apparoilloit de lui mouvoir
guerre, pour ce mesmement que chascun aime 5652
franchise par nature et het lieu de servage, il
lui sembloit que bon estoit a espandre son ost
et envoier gens en diverses contrees ains que
toutes les citez de France se fussent raliees. 5656
    Lors envoia il ou pays de Treves Tytus
Labienus atout grant chevalerie vers le Rin et
lui commanda qu'il chevauchast iusques vers
Rains et autres citez de Belgues, si les tenist 5660
en amour et en la paix de Romme a son pouoir, et,
se les Sesnes vouloient passer le Rin, si comme
il avoit ouy dire que les Belgues les avoient
mandez en leur aide, contredeist leur passage. 5664
Puis commanda que Publius Crassus alast en
Acquitaine atout xij. cohortes de vj^m hommes et
atout grant nombre de chevaliers. Pour ce le
fist que les citez qui contre lui estoient 5668
rebelles n'eussent nulz secours de celle part.
Quintus Tyturius* fu envoié a Liseux en Normandie
atout trois legions pour les gens du pays tenir,
que nulz n'en alast en l'aide de ses ennemis. 5672
Sur toute la navie que Cesar avoit faite faire
et pourchacié en Poitou en Santonge et en France
en tous les lieux qui a lui se tenoient, il fist

mettre un duc, Decius Brutus[*] avoit nom, qui comme 5676
jouvenceaux estoit, et lui commanda que si tost
qu'il pourroit, amenast la navie a Vennes. Cesar
s'adreça celle part atout ceulx de pié.

    Les citez et les chastiaulx ou Cesar devoit 5680
aler seoient sur la mer en si haulx premontoires
et en langues de terre qui en mer se lançoient,
que on n'y pouoit avenir a pié pour le flo de mer
qui y venoit deux fois jour et nuit, ne nagier pas 5684
a aise, car, quant le flo se retraioit, les nefz
ne pouoient avant aler ne arriere; et ainsi
empeschoit le flo l'assault, par yaue et par
terre. Et se ainsi avenoit aucunes foiz que on 5688
feist si haulx terraux et motes et beffroiz que
par devers terre avenissent iusques a leurs murs
et ilz se doubtassent d'estre prins, ilz avoient
appareillié grant somme de nefz, dont ilz avoient 5692
foison, si mettoient ens leurs corps et leur
avoir et fuioient a sauveté es voisins chastiaulx,
et illecques se deffendoient de rechief. Cesar,
quant il fu venu ou pays de Vennes, il se 5696
travailla moult de faire motes et beffrois et
autres engins. Voirs est qu'il prenoit des
chastiaulx, mais il ne pouoit leurs corps ne
leur avoir baillier, car ilz fuioient a sauveté 5700
par navire. Quant il vit qu'il se travailloit
en vain, comme cil qui ne pouoit ses ennemis
avoir, qui le fuioient par yaue de forteresce en
forteresce, il atourna de mettre soy en souffrance, 5704
tant que Decius Brutus venist atout ses nefs, que
tempeste et horages aloient detenant et atargant
en grant partie de l'esté, et ce qu'il trouvoit
petit de pors et de lieux ou il feist bon nagier 5708
a telz manieres de nefs comme Rommains avoient.

Les nefs de Vennes et de la marine estoient
assez meilleurs et greigneurs et plus seures que
celles des Rommains. Elles avoient les becs   5712
haulx, les flans fors et estables contre tempeste
et tourment, et estoient de chesnes fors et durs
pour soustenir coups et hurteys. Et moult estoient
fermes et bien garnies; les ancres y pendoient a   5716
chaines de fer en lieu de cordes; leurs voilles
estoient de peaux, ou pour souffrete de lin, ou
pour estre plus fors contre le vent. Les nefs
des Rommains n'avoient le meilleur contre celles,   5720
fors que en une chose: c'estoit pour ce que plus
estoient ysnelles aux gouvernaux a ariver. Et
les autres estoient plus convenables a tourmente
souffrir et a gouverner en celle grant mer d'Ocean; 5724
et de si dur bois estoient que ceulx des nefs aux
Rommains ne les pouoient dommagier; et si haultes
estoient, que ceulx des nefs aux Rommains n'y
pouoient ataindre de leurs dars, et les leurs   5728
dars descendoient a grant dommage sur les Rommains.
Se les vens estoient grans et les nefz
s'abandonnoient au soufle, ne doubtoient gaires
tempeste ne flocz; et s'elles cheoient en gué   5732
ou en petite mer, ne brisoient pas legierement
pour pierres ne pour roches. A toutes ces
choses estoient les nefz aux Rommains en peril,
qui n'estoient pa<r>[s] de si fort merrien ne si   5736
haultes.

Comment Brutus desconfist ceulx de Vennes par mer

Decius Bructus vint contre ceulx de Vennes
atout sa navie. Et quant les Bretons virent les
nefs des Rommains qui venoient, ilz s'esmurent du   5740

port a l'encontre et avoient environ ij^c et .xx.
nefs bien garnies de toutes manieres d'armes.
Bructus estoit en une et avoit tribuns et
centurions en toutes les autres nefs rommaines,   5744
qui maistres en estoient. Mais Brutus ne nulz
de ses compaignons ne veoient souffisant maniere
de les assaillir, car ilz ne pouoient faire riens
aux grans nefz de dur chesne aux becs de leurs   5748
petites nefs; car le chastel des nefs n'estoit
pas si hault de trop comme le chastel des nefs
de Vennes; et François et Bretons qui estoient
es chastiaulx pouoient getter tout de plain sur   5752
les Rommains leurs dars, comme ceulx qui plus
hault estoient, et les Rommains n'avoient pouoir
d'avenir a eulx a leurs dars. Mais les Rommains
se estoient pourveuz d'une chose: ilz avoient   5756
faulx[144] longues et trenchans, bien atachees aux
bors de leurs nefz, si faisoient tant que leurs
faulx acrochoient les cordes qui tenoient les
mats des nefs a leurs ennemis. Lors nagoient   5760
leurs galies a grant force aux avirons, et ces
faulx trenchoient ces cordes, et versoient les
mats atout les voilles. Quant ce fu fait, il
n'ot en tous ceulx des grans nefz nulle   5764
esperance de sauveté, car toute leur fiance
estoit es voiles et ou vent, que les Rommains
leur tolloient a force de leurs faulx. Et
convenoit que le demourant de leur estrif alast   5768
par vertu et par hardement de corps. Mais de ce
estoient les Rommains souverains, qui voulentiers
monstroient leur hardement devant Cesar et tout
son ost qui regardoit la bataille des mons et des   5772

---

[144]V$_3$: fax.

tertres entour le rivage; ne nul n'y faisoit biau
fait ne ne feroit bons cops que Cesar et les
siens ne veissent. Pour ce se penoit chascun de
sa prouesce monstrer. 5776

Et lors que les mats et les voiles estoient
trenchiez, si comme nous avons dit, deux nefz
rommaines ou trois avironnoient une grant nef,
si dreçoient eschielles et gettoient crocs et les 5780
chevaliers se hastoient de monter; tant que ilz
prindrent plusieurs nefz en ceste guise. Et
quant les François et les Bretons des autres
nefs virent ce que les Rommains prenoient leurs 5784
navires et leurs compaignons par telle maniere,
ilz ne sceurent conseil de leur sauveté fors que
d'eulx mettre a la fuite, tant que ilz tournerent
les frons de leurs nefs aval le vent. Mais si 5788
grant le nate leva erramment, que la mer fu
toute paisible et ne se pouoient les nefs
mouvoir ne tant ne quant. Ceste chose aida moult
aux Rommains a achever leur besoingne, car ilz 5792
courrurent sur ces nefz qui ne se pouoient
mouvoir a force des gouvernaux et les prindrent
toutes; n'en eschappa se petit non, et encore
fu ce par la nuit qui leu < x > [r] vint; autrement 5796
n'en fust ja eschappee une toute seule. La
bataille dura de tierce iusques a la mienuit.

La furent desconfis tous ceulx de la
navire de Bretaigne la mineur, de Vennes et 5800
d'autres lieux et ceulx qui de France et d'autres
lieux estoient en leur aide venuz; car toute la
jouvente et les vielz hommes de la terre en qui
il avoit point de force et de conseil estoient 5804

la venuz a celle bataille, et avoient concueilli
toute leur navie de toute la marine, et furent
si debaretez que ceulx qui s'en fouirent et qui
eschappoient ne savoient de quel part tourner ne   5808
conseil nul comment ilz peussent leurs chastiaux
deffendre. Et pour ce se rendirent tous et se
mistrent en la mercy des Rommains. Mais Cesar
en print tres cruel vengement, pour ce qu'il ne   5812
vouloit point que les autres citez si amordissent
de faire autretel, et que les autres se gardassent
de mettre main aux messages, qui partout doivent
estre seurs. Lors fist Cesar occirre tous les   5816
anciens hommes et les autres vendi.

Comment Viridonis* fu desconfy en Normandie par Quintus Titurius

Entre ces choses, Quintus Titurius, que
Cesar avoit envoié en la contree d'Eu en
Normandie avecques grant compaignie de gent, vint   5820
celle part Viridonis. Ainsi avoit il nom le sire
du pays, qui chief estoit de toutes les citez de
la contree qui rebellez s'estoient. Avec lui
avoit grant ost qui illec estoit assemblez. Et   5824
n'avoit gaires que ceulx d'Evranches et d'Evreux
et de Liseux avoient leurs portes fermees contre
Quintus Titurius et occis tous les senateurs de ces
.iiij. citez, pour ce qu'ilz ne s'accordoient pas   5828
a la guerre; et s'en estoient alez en l'ost
Viridonis. Cellui Viridonis avoit en sa
compaignie maint hommes conquestis de toute France,
robeurs qui duis estoient de batailles et de   5832
guerre plus que d'autre chose comme de gaingnier
leurs terres. Quintus Tyturius se tenoit en ses
tentes, qu'il avoit tendues en lieu convenable,

et Viridonis se estoit logié encontre a ij^m pas,   5836
et chascun jour yssoit assembler aux Rommains
hors de ses lices atout son effort, se Quintus
Tyturius voulsist. Mais il souffroit et atendoit,
tant que tout l'ost Viridonis l'en avoit en despit.   5840
Ses chevaliers mesmes en aloient disant mal, et
mist les uns et les autres en si grant cuidier
que cuidoient qu'il le laissast de paour. Car
Viridonis et les autres de sa compaignie   5844
courroient iusques aux lices des Rommains. Mais
Quintus Tyturius se tenoit quoy, pour ce qu'il
ne lui sembloit pas seure chose a assembler a
si grant ost de ses ennemis se il n'y veoit son   5848
mieulx, pour ce que Cesar, qui souverain
commandeur estoit de toutes les legions rommaines,
n'y estoit pas, et se il commençast batailles
a son vouloir, et il lui en mescheoit, on ne le   5852
tenist pour oultrecuidié, et qu'il n'eust blasme.

      Si comme son cuidier estoit affermez, que
pour paour il lassast a assembler, il appella
a soy un sien prevost, moult vaillant homme   5856
appellé Gallus,* et lui fist grans promesses.
"Vous irez, dist il, aux tentes de ceulx de la
et faindrez que vous y aliez pour vous rendre
et pour nous guerpir, et direz que ie et tous   5860
les Rommains de ma compaignie avons tel paour
que nous n'atendons mais que nous en puissons
fouir. Apres direz que Cesar a esté desconfis
a Vennes et que il est en tel peril qu'il nous   5864
a mandé que nous alions a son secours en haste,
et que nous nous devons mouvoir tantost apres
ce qu'il sera anuitié, comme ceulx qui ja
vouldrions estre ailleurs." Et a Gallus le   5868
fist ainsi et dist ainsi que Quintus Tyturius

lui avoit commandé. Quant Viridonis et les
siens oyrent ce, ilz dirent les uns aux autres
que ores n'y avoit que du bien faire, et de   5872
requerre les Rommains a leurs tentes, car si
beaux coups ne devoient mie perdre. Maintes
choses enhorterent Viridonis et les siens a cel
conseil achever, si comme la doubtance de Quintus   5876
Tyturius de l'assembler, la parolle que Gallus
affermoit, la chierté de leur ost, car ilz ne
s'estoient pas bien pourveuz de viandes, la
nouvelle que Gallus leur avoit dit que Cesar   5880
avoit esté desconfit a Vennes, et ce que chascun
croit de legier ce qu'il vouldroit qu'il
advenist. Ainsi avint que ceulx de l'ost ne
laisserent oncques Viridonis partir du conseil   5884
ne les autres ducz devant que ottroié leur fu
qu'ilz prendroient leurs armes et yroient
assaillir les Rommains aux tentes. Ottroié
leur fu. Ilz en furent moult liez, pour   5888
l'esperance de la victoire, et concueillirent
ramille et sarment pour emplir le fossez
d'entour l'ost aux Rommains. Lors s'en vindrent
celle part droit ou lieu ou les Rommains estoient   5892
logiez. C'estoit en un pendant hault, et
tenoit bien de motes ij^{m} pas. La s'en alerent
a eslais Viridonis et ses hommes. Chascun se
hastoit pour seurprendre les Rommains, si qu'ilz   5896
n'eussent loisir d'eulx armer. Ilz furent
essoufflez et las quant ilz vindrent la.
Sabinus, qui Quintus Titurius estoit appellé, si
comme nous avons dit, il fu appareillié et tous   5900
les Rommains pourveuz, et leur donna enseignes
qu'ilz se yssissent par deux portes et se
ferissent dedens leurs ennemis, qui lassez

estoient et chargiez de serment et de ramille. 5904
Les Rommains s'en yssirent a effort par deux
portes. Lors avint que par la vertu des
chevaliers rommains qui estoient usaigiez d'armes
en la premeraine bataille, que pour ce que leurs 5908
ennemis estoient plus bas que eulx et que
follement estoient la acourrus et lassez, que
Viridonis ne les siens ne porent pas souffrir un
seul de leur assault,[145] ains tournerent les dos et 5912
se mistrent a la fuite erramment. Les chevaliers
rommains, qui fres estoient, les enchacerent aux
dars et aux espees, si en occistrent grant nombre.
Ainsi avint tout en un temps que Cesar oy la 5916
nouvelle que Quintus Tyturius avoit eue victoire
par terre, et il oy ensement que Brutus avoit
seurmonté ceulx de Vennes a navire, et tant que
toutes les citez de Normandie se rendirent a 5920
Quintus Tyturius, qui par avant se tenoient contre
lui; car, si comme dit Julien, aussi comme Normans
estoient prests de mouvoir barat et noise pour
petite achoison, ensement perdoient ilz leurs 5924
cuers et leurs vertus lors quant ilz avoient
adversité d'aucun meschief.

 Publius Crassus estoit alé en Acquitaine
en ce mesmes temps, qui contenoit une partie de 5928
France et de long et de lé et de nombre de gent.
Quant il entendi que en ce temps avoit a
bataillier, ou Lucius Valerius* legat de Romme
avoit esté occis et sa gent desconfite et occise 5932
n'avoit gaires d'ans passez, et la ou Lucius
Maulius* avoit son harnois perdu et fuis s'en
estoit, il pensa que par grant sens et par grant

---

[145]V₃: assauz.

entente le convenoit ouvrer. Lors se pourveut 5936
de froment et d'autres vitailles au mieulx
qu'il pot, et manda chevaliers et sergens de par
tout ou il les pot avoir. De Thoulouse et de
Nerbonne, qui estoient ou pouoir de Cesar il 5940
avoit avecques soy hommes de grant vertu <s> et
s'en entra ou pays de Saintes. Quant ceulx de
la cité et du pays le sceurent, ilz manderent
leur effort de partout et s'en vindrent batant 5944
celle part. Ilz avoient grant gent et chevaliers
assez, dont il en y avoit moult renommez a cellui
temps, et assaillirent Publius Crassus et les
siens ou chemin. La fu grant li hustin et le 5948
chappleis des chevaliers aux autres; mais les
Acquitains qui furent es destrois, si comme
les Rommains les chaçoient, e vous que les
Acquitains a pié, qui estoient en embusché en 5952
une valee, les assaillirent; si fut li estours
illecques renouvellez.

     Aigrement et grandement se combatirent, car
les Acquitains se fioient en ce temps en ce qu'ilz 5956
avoient jadis eues les victoires contre Lucius
Valerius et Lucius Maulius, et bien cuidoient
ceulx de Saintes que toute la sauveté·de tout
Poitou geust en leur vertu. Apres ilz veoient 5960
que Cesar n'y estoit mie ne les autres legions,
et de tant de Rommains comme il lui avoit illec
estoit duc et maistre un jouvencel que ilz ne
cuidoient gaires doubter. Nonpourtant Publius 5964
Crassus et les siens le firent si bien que
Poitevins tournerent les dos, comme ceulx dont
il <l>i avoit de mors et de plaiez sans compte
et sans mesure. 5968

Comment la cité de Saintes fu assise et prise

Apres celle desconfiture s'adresça Publius
Crassus vers Saintes et assiega la ville. Et les
Rommains assaillirent; mais ceulx de dedens se
deffendirent forment et tant que Publius fist ses   5972
engins drecier, si comme chas et vis, et
bretesches et beffrois. Ceulx de dedens se
essaioient souvent a miner par dessoubz les
terraux pour fondre les tours et les beffrois   5976
dont les Rommains dommagoient ceulx de la ville;
car Poitevint sceurent trop de miner, pour les
minieres dont il <lui> avoit trop en leurs terres.
Autres foiz essaioient a yssir hors et a mouvoir   5980
assault es tentes des Rommains. Mais Publius
Crassus se pourveoit si a toutes choses, qu'ilz
ne pouoient faire leur proposement. Et quant les
Acquitains virent qu'ilz ne pouoient pas durer   5984
contre les Rommains, ilz envoierent leurs
messages a Publius Crassus et requirent que ilz
fussent receuz en paix; si furent ilz.

    Si comme les Rommains entendoient a recevoir   5988
leurs armes d'une part de la ville, une noise
leva de l'autre part. Car Adreconus,* qui sire
estoit et commandeur du pais, avoit une maniere
de souldoiers qui telle coustume avoient que,   5992
depuis qu'ilz avoient acquise ou achetee l'amour
d'a[u]cun, ilz morussent avant tous pour lui, et
vouloient estre perçonniers de son mal ou de son
bien, et, s'ilz veissent a leur ami mescheance   5996
avoir, ilz se occeissent bien de dueil: l'en ne
trouvast un seul a ce jour qui refusast a mourir
se il veist occirre cellui a qui il eust ottroié
s'amour. Ceste gent cy yssirent d'une forteresce   6000

a Adreconus et se ferirent es Rommains. Le cry
leva si reprindrent leurs armes ceulx qui les
avoient laissiez pour l'esperance de la paix;
si courrurent ensemble et fu la bataille de   6004
rechief aigre, tant que par force fut rembatus
Adreconus en la ville. Au derrain se rendirent
aussi comme les autres.

    Et quant tous orent leurs armes rendues   6008
et baillié bons hostages a Publius Crassus qui
s'en ala en Gascongne, ceulx de la terre qui bien
sceurent qu'il avoit prinse celle bonne cité en
pou d'eure, envoierent leurs messages partout   6012
iusques en Espaigne, et firent coniuroison
ensemble de donner hostages les uns aux autres,
et appareillerent eulx a bataille de la marche
d'Espaigne et de Gascongne, et y vindrent ducs   6016
et contes. A leur venue fu moult grant le
mouvement de bataille. Ceulx furent esleuz a
estre conduiseurs et chevetains qui plus savoient
de guerre et de bataille estoient usagiez pour   6020
ce que ilz avoient esté en ost avec Sertorius
Quintus,[*] un noble Rommain, maint ans, tant que
assez savoient de guerroier. A la guise rommaine
<et> aloient et garnissoient leurs tentes de palis   6024
et de fossez, et fourcloioient la vitaille a l'ost
des Rommains a leur pouoir. Quant Publius Crassus
vit ses ennemis assembler, dont l'une partie
s'efforçoit a cours ça et la pour la viande   6028
gaitier que les Rommains n'en eussent point,
l'autre partie gardoit les tentes, et cressoit
leur gent de jour en jour, ne ilz ne pouoient
pas ce legiere bataille reputer.   6032

    L'endemain ordonna deux batailles de sa
gent. Une garde mist entre deux pour secourir

ceulx qui mestier en avroient premier; car il
attendoit ses ennemis a coup. Gascongs et   6036
Poitevins y avoit assez, et ja soit ce qu'il ne
doubtast point l'assembler, pour le grant nombre
des leurs et pour la gloire des victoires qu'ilz
avoient tantes foiz eues vers les Rommains, et   6040
pour ce que Publius n'avoit que un petit de
gent a la comparoison d'eulx, toutesfoiz ilz
vouloient seurement avoir victoire; car se
Publius Crassus et les siens s'en voulsissent   6044
de ces destrois yssir et traire arriere pour
besoing de viande, ilz beoient a assaillir les
charges des harnois et les plus embloiez. A
ce conseil se tenoient les ducs, si que nul ne   6048
se mouvoit des tentes la ou Publius et ses
batailles l'atendoient a coup. Et quant Publius
Crassus vit que ceulx ne se mouvoient, et par
leur demourer ses hommes devenoient hardis   6052
et voluntaires de combatre, si que il oy les
voix de chascun qui crioient: "Courons leur sus
en leurs tentes, puis qu'ilz ne nous veullent
assaillir; n'y ait plus attendu!" Il leur donna   6056
un signe et les amonnesta de bien faire, si les
conduist iusques aux tentes de leurs adversaires.
    La emplioient les uns le fossé qui
çaingnoit leurs tentes, les autres lançoient   6060
menuement leurs dars, si que ceulx guerpissoient
souvent leurs deffenses de leurs palis. Et
Publius Crassus avoit les plus foibles des siens
ordonnez a aporter sablon et gasons pour emplir   6064
le fossé et pour faire terraux, et si aministroit
dars et saieties pour lancier et pour traire.
Ceulx de dedens se deffendoient a grant effort, et
les dars que ilz lançoient a ceulx de dehors ne   6068

cheoient pas en vain, ains occioient et plaioient
assez des gens Publius Crassus, et tant que les
chevaliers rommains, qui avoient courus tout entour
les tentes, avoient espié la plus foible entree   6072
et la moins garnie de palis, et denoncerent a
Publius ce.

      Et lors il dist aux prevosts et aux
connestables que chascun enhortast a bien faire   6076
ceulx de sa connestablie atout grans promesses
et preissent ycelle arriere garde qui estoit
remesse pour les tentes garder, fresche et
nouvelle, qui nul travail n'avoit encores souffert   6080
d'assaillir, et les guiassent de celle part ou ilz
avoient apris le plus foible. Les connestables
firent son commandement et menerent ceulx de
l'arriere garde par loingtains sentiers droit   6084
celle part que on leur avoit enseignié. Une foiz
aloient de tort, et autre de travers, que nul ne
s'en apparceust. Ainçois que Gascongs et Poitevins,
qui entendoient a deffendre leurs palis et leurs   6088
loges, s'aparceussent d'eulx, ilz furent devant
celle porte qui la plus foible estoit, et
rompirent l'entree a force, si se mistrent leans
a effort ainçois que nul les veist ne aparceust.   6092
Le cry leva de toutes pars, si que on l'oy par
tout l'ost; et les Rommains s'esvertuerent, et
combatirent de toutes pars aigrement, comme gens
seulent faire quant ilz ont aucune esperance   6096
soubdaine de vaincre. Ceulx des tentes, quant ilz
se sentirent enclos et seurprins des Rommains de
toutes pars, ilz se desespererent; lors se
laisserent cheoir des deffenses et des palis   6100
pour tourner en fuite s'ilz peussent; mais les
chevaliers rommains les suivoient a esperons par

les champs et les fouloient et abatoient et
occioient a tas tant que de l^m hommes que   6104
Poitevins que Gascongs, qui estoient la assemblez
n'eschappa que la quarte partie. Et les
chacierent Rommains grant piece de nuit, puis
revindrent a leurs loges.   6108
     La nouvelle courrut partout de ceste grant
desconfiture, si que la plus grande partie de
Poitou et de Gascongne se rendirent a Publius
Crassus, et lui envoierent hostaiges de leur gré.   6112
Un petit en y ot des plus loingtains qui ne se
rendirent pas, pour l'yver qui estoit seurvenant,
car on ne seulloit pas ostoier en yver, si en
doubtoient moins les Rommains.   6116

Comment les Flamens fuirent es bois et es mares et leurs villes destruites

     Lors meismes, ja soit ce que l'esté fust
passé, Cesar, qui vit toute France appaisie[e]
fors Flandres dont Therouenne estoit chief, si
pensa que il n'atendroit pas tant que l'yver fust   6120
passé, ains y menroit tout son ost, car il l'en
cuidoit lors finer. Cesar, qui fu en celle
cuidance, s'en ala celle part. Flamens
s'apareillerent en autre maniere de combatre que   6124
les François n'avoient acoustumez; car, pour ce
qu'ilz avoient oy dire que Cesar avoit plusieurs
batailles vaincues par terre et par mer, ilz
avoient grans forests et marés et palus ou ilz   6128
entroient avecques toutes leurs possessions.
Lors que Cesar vint a l'entree de leurs forests,
il commanda son ost a logier et a garnir les
herberges de palis et de fossez. Les Rommains   6132
estoient ententis et espars aux oeuvres de leurs

loges, ne n'avoient encores apparceu un tout
seul des Flamens, quant ilz avolerent parmy le
bois de toutes pars souldainement et leur   6136
courrurent sus. Les Rommains courrurent tantost
aux armes, et les reboutirent tantost dedens le
bois, et plusieurs en occistrent; et pour ce
qu'ilz chacerent les Flamens en lieux encombreux   6140
d'espines et de rami[e]r, ilz <l>i perdirent un
pou des leurs.

      D'illecques en avant, establi Cesar a coupper
les bois chascun jour. Et pour ce que l'en ne   6144
peust mal faire a ses hommes du costé que le
bois couppoient, il faisoit estendre a destre
et a senestre toute la busche en tas contre ses
ennemis: ce estoit forteresce aux siens d'une   6148
part et d'autre part. A merveilles abatirent
tant de bois en pou de terme que les Rommains
estoient ja aux harnois et aux bestes des
Flamens: et n'y avoit que du prendre et tant   6152
qu'ilz s'en fuirent ou plus espés bois, et adonc
si grant orage commença a lever qu'il convint
l'oeuvre a entrelaissier; et tant plust
continuelment chascun jour que nul ne pouoit   6156
a paine illecques demourer. Et Cesar leur
exilla tous leurs champs et ardi leurs villes et
leurs edifices, si s'en party; et mena ses
legions en Normandie pour yverner a Liseux et   6160
a Evranches et aux autres citez qui par avant
avoient esté rebelles comme vous avez ouy ça
arrieres.

Comment les Sesnes passerent de rechief le Rin et laisserent le pays pour paour
de ceulx de Suave et de quelle maniere ceulx de Suave sont

En cel yver passerent les Sesnes le Rin. 6164
Pompeyus* et Crassus* estoient consules de Romme;
et estoient les diz Sesnes grant gent, et
passerent non pas moult loing du lieu ou le Rin
chiet en mer. L'achoison du Rin passer fu que 6168
ceulx de Suave les guerroioient chascun an et
ne leur laissoient la terre gaaignier. Ceulx de
Suave estoient en cellui temps les plus puissans
d'oultre le Rin en batailles et en guerres. Ilz 6172
avoient adonc telz cent villes dont ilz gettoient
chascun an de chascune ville mil hommes pour mener
en batailles hors de leurs marches. Ceulx qui a
l'ostel remannoient passoient[146] ceulx et eulx 6176
meismes. L'autre an apres yssoient et aloient
en bataille ceulx qui le pais avoient gardé, et
ceulx qui devant avoient bataillié demouroient
pour la terre garder. En ceste guise, leurs 6180
gaingnages ne demouroient point, ne leurs
batailles ne cessoient nul an. Nulz n'y eust
ia propre champ: s'ilz avoient gaingnié la
terre cest an, ilz aloient gaingnier une autre 6184
contre en Occian. Plus vivoient de char et de
lait que de froument, et moult entendoient a
chacier sauvaigine que ilz mengoient: c'est une
viande qui donne force a homme et grandesse de 6188
corps et de membres, dont ilz estoient aucques
apparans; et les esbanois et le repos que ilz
avoient acoustumé d'enfance y aidoit avecques,
et les rendoit vertueux. Car ilz ne 6192

---

[146]V₃: pessoient.

s'entremettoient de nul mestier se petit non,
ne rien ne faisoient contre leurs voulentez.
Peaux vestoient acoustumeement cointes si que
grant partie des corps leur estoit parens et
descouvers. En yaue courant se baignoient
souvent.

6196

    Marchans estranges repairoient entr'eulx
plus pour vendre a eulx ce qu'ilz conqueroient
en bataille que pour desirier d'acheter riens
a eulx. De biaux chevaulx et de belles bestes
a eulx porter ilz n'avoient couvoitise, ains les
envoioient vendre aux François qui moult les
amoient et achetoient chiers. Les leurs que ilz
chevauchoient, les plus las < et les > retenoient
a leur sceu, et les travailloient et usoient
tant qu'ilz les faisoient preux et mal
souffrans a force. Quant ilz estoient en
bataille, ilz se deffendoient et sailloient jus
souvent pour combatre a pié. Les chevaulx
estoient duis qui les attendoient a estal et
pouoient sus remonter a leur besoing. Ne ilz
ne souffroient en nulle maniere que on amenast
vin en Suave, pour ce que vin amolioit, ce
leur sembloit, les cuers des hommes.

6200

6204

6208

6212

6216

    A grant louenge tenoient a veoir loing de
leurs marches, affin que on cuidast par ce que
plusieurs citez ne peussent leur force maintenir
ou soubstenir. Ilz avoient a leurs voisins tant
de batailles eues que leurs marches estoient
gastees et sans gaingnage, et les citez leur
rendoient treuz.

6220

    Yceulx Sesnes de quoy nous lisons avoient
ilz si doubtez et si chaciez que trois ans entiers
avoient ja alez par la terre. Ainsi en la parfin

6224

au Rin s'en estoient venus. Sur la rive du Rin
avoit gens d'une part et d'autre, Menapois les 6228
clamoit on. Ceulx avoient illecques villes et
edifices jouste ambedeux rivages. Mais ilz
furent si espoventez que quant ilz sentirent
venir vers eulx si grant nombre de ces Sesnes, 6232
<qu> ilz guerpirent manoirs et edifices et
quanqu'ilz avoient oultre le Rin vers Soissongne,
et passerent l'yaue, et mistrent leur garnisons
de lieux en lieux sur le Rin, que ces barbarins 6236
ne peussent oultre passer.

Comment les Sesnes occirent et destruirent les Menapois

Les Sesnes, quant ilz virent qu'ilz ne
passeroient point a force par souffraite de navire
et de pont, ne en repost pour les Menapois qui 6240
gaitoient les rivages tous armez, ilz firent
semblant de revertir en leur region et se
retrairent arriere .iiij. journees; puis
retournerent, et quanqu'ilz avoient erré en 6244
quatre jours revindrent en une seule nuit a
chevaulx recroire; et les Menapois, qui garde
ne s'en prenoient, avoient le Rin trespassez et
restoient rentrez en leurs villes, et quant les 6248
Sesnes furent certains par leurs espies que les
Menapoix s'en estoient retournez, si les
seurprindrent et les detrencherent tous. Apres
entrerent en leurs nefz, et ainçois que les 6252
Menapoix s'en parceussent, qui deça le Rin
estoient, orent l'yaue passee, et leur tolirent
tout leur harnois, leurs maisons et leurs
edifices, burent et mengerent en cel yver quanque 6256
ilz avoient lyement amassé pour leur vivre.

Cesar fu certain de ceste chose; et pour ce
qu'il sceut que François estoient appareilliez
a guerroier et a prendre nouveaux consaulx toute   6260
iour, il se fioit petit en eulx. Acoustumé
avoient d'arrester marchans et trespassans, et
d'enquerre et demander nouvelles, et leur
faisoient dire, voulsissent ilz ou non, ce qu'ilz   6264
avoient veu et oy en autre pays. Lors prenoient
conseil selon ce qu'ilz oyoient tel a la fois
qui tournoit a leur nuisement, car les trespassans
ne leur respondoient pas tousiours verité, mais   6268
selon ce qu'ilz cuidoient qu'il fust a leur
plaisir.

Cesar, qui savoit la coustume de ce, se
hasta de venir a son ost qui seiournoit pour l'yver.   6272
Plus par temps il vint a celle foiz qu'ilz ne
cuidoient. Et quant il vint la, si trouva selon
ce qu'il avoit eu en cuidier que aucunes citez
de France avoient ja envoié aux Sesnes leurs   6276
messages qui passoient et passez estoient le Rin,
qui venissent avant; tous estoient prests d'eulx
donner a leur voulenté. Les Sesnes s'aloient
estandant et eslargissant en celle esperance et   6280
tant qu'ilz vindrent vers le pays de Treves.
Cesar manda a soy les maistres et les princes de
France, mais ne leur dit pas quanque il avoit
apris des erremens de telz y avoit, ains   6284
assouaiga leurs cuers par belles parolles, et
commanda a tous qu'ilz fussent appareilliez aux
armes avec toute sa chevalerie, car il se
vouloit combatre aux Sesnes.   6288

Lors atourna son charroy pour mener viandes
a planté, manda et escript a sa chevalerie de
partout. Mist soy et sa gent au chemin vers la

region ou il ouy dire que les Sesnes estoient. 6292

Comment les Sesnes envoierent leurs messages a Cesar

Quant les Sesnes sentirent Cesar venir a
si grant ost apres un pou de journees, ilz
envoierent leurs mes vers lui, qui lui dirent:
"Cesar, les Sesnes te mandent qu'ilz n'ont nul 6296
talant de bataillier aux Rommains premiers; mais
qui les assauldra, ilz se deffendront; ne
s'entremettent de nullui proier; mais ores
envoient a toy et aux Rommains, comme chaciez de 6300
leurs lieux contre leur voulenté. Leur grace
pouez avoir, et les trouverez prouffitables amis,
se en vous ne remaint: ou vous leur <s> donnez
terre ou ilz peussent estre, ou vous souffrez 6304
qu'ilz tiennent ce qu'ilz ont conquis par armes.
Ilz fuient ceulx de Suave, qui ne sont pas moins
puissans que les dieux; autres gens ne scevent ilz
en terre qu'ilz ne cuidassent seurmonter aux armes." 6308
A ce respondi Cesar ce que bon lui sembla;
mais la fin de sa parolle fu telle: que nulle
amour ne pouoit il affermer aux Sesnes s'ilz
vouloient demourer en France deça le Rin; ne 6312
sembloit pas voir qu'ilz peussent autrui terre
tenir ne soubstenir quant la leur ne pouoient
deffendre ne tenir contre ceulx de Suave; ne nul
pays n'avoit vuit en France qui peust a si grant 6316
gent souffire sans nuisance des paysans de la
terre. Les messages des Ubrois, qui marchissent
a ceulx de Suave, sont a moy venuz, dist Cesar,
eulx plaindre des Suavois qui les guerroient, et 6320
requeroient aide: bien feroie tant vers eulx, qui
lairoient les Sesnes habiter avec les Ubrois se

ilz y vouloient aler.

    Les messaiges aux Sesnes respondirent qu'ilz   ·   6324
denonceroient ceste parolle aux leurs, puis
reparleroient a lui au tiers jour, mais tenist
son ost en paix sans soy remouvoir iusques a leur
retour. "Ce ne feray ie pas, dist Cesar, ains   6328
yray avant," car il savoit bien que les Sesnes
avoient envoiez oultre Meuse en forrage grant
partie de leurs chevaliers, et cuidoit que les
messages ne requeissent sa demeure fors pour   6332
yceulx chevaliers attendre.

    Meuse vient d'une montaigne oultre Lengres
et chiet partie ou Rin, et partie en la mer
d'Occean. Le Rin vient des Alpes lointaines   6336
et s'en passe par plusieurs contrees. Quant il
approuche vers la mer d'Occean, si se devise en
plusieurs parties et fait grans ysles ou il
habite gens barbarines. Telz y a qui vivent de   6340
poissons et d'oefz et d'oiseaux. Apres ces ysles
chiet le Rin en la mer d'Occean en plusieurs
chiefz.

    Cesar ot tant alé que lui et les siens   6344
vindrent a ij^{m} pas des Sesnes. La revindrent a
lui les messages, si comment ilz lui avoient en
convent; et si comme ilz furent a lui aioustez au
chemin, ilz lui prierent qu'il n'alast en avant   6348
ne lui ne ses gens. Mais Cesar dit que si feroit.
"Bien, sire, dirent doncques les messages, or
envoiez doncques a voz chevaliers qui s'en vont
avant, et leur mandez qu'ilz ne forfacent a   6352
nostre gent nulle riens, et nous envoierons,
s'il vous plait, aux Ubrois, qui marchissent aux

Suavois, si serons[147] se nous pourrions entr'eulx
demourer si comme vous avez dit; et se leurs   6356
princes et leurs senateurs nous jurent foy et
loyauté, nous y yrons par telle condicion comme
vous oserez regarder. Trois jours sans plus
nous donnez de respit."   6360

Comment Cesar ottroia trieves de trois journees aux Sesnes et comment les dis
Sesnes rompirent les <d> trieves

Cesar pensa bien qu'ilz demandoient ce respit
pour ce que leurs chevaliers peussent retourner
dedens les iij. jours. Nonpourtant il leur
ottroia que il n'yroit ce jour que iij$^\text{m}$ pas pour   6364
trouver planté d'yaue pour l'ost: La venissent
a lui l'endemain pour savoir de leurs requestes
et de leur affaire. Entretant, il manda aux
connestables des chevaliers, qui avant estoient   6368
alez, qu'ilz ne feissent nul assault aux Sesnes,
et, se les Sesnes les assailloient, soustenissent
les sans plus faire, tant qu'il venist plus pres
avec tout l'ost.   6372

Mais quant les Sesnes choisirent premiers
les chevaliers Cesar, qui bien estoient ij$^\text{m}$, et
les leurs n'estoient plus de viij$^\text{c}$, car ceulx
qui estoient alez en fourrage n'estoient pas   6376
encores repairiez d'oultre Meuse, ilz
s'eslancerent a ceulx, qui garde ne s'en
donnoient, et les estourmirent et esbayrent,
si comme ceulx qui garde ne s'en donnoient   6380
qu'ilz deussent venir a eulx ne nul talant
n'avoient d'eulx courir sus apres le commandement

---

[147]V$_3$: savromes.

Cesar, mesmement que les messages des Sesnes se
estoient n'avoit gaires partiz de Cesar et   6384
trieves avoient prinses ce jour. Les Rommains
se resvigourerent; mais les Sesnes descendirent
tous a pié, si commencierent a chevaulx occirre
et a abatre les Rommains, tant qu'ilz les   6388
tournerent du champ. Ceulx qui fouir porent ne
finerent tant qu'ilz vindrent a mesmes l'ost
Cesar qui arriere venoit. lx. et xiiij.
chevaliers rommains y ot occis; si y fut occis   6392
Poisons, un des plus haulx homs d'Acquitaine.
Ses aieux avoient esté roys et amis appellez du
senat de Romme. Il vit son frere enclos et en
peril de mort, si hurta le cheval des esperons   6396
et se fery en la presse; plusieurs en occist et
abati tant que son frere getta hors de la presse;
au derrier lui fust son cheval occis dessoubz
lui. Il se deffendi tant comme il pot tout a   6400
pié. Les Sesnes l'environnerent de toute pars,
et il se deffendoit comme sanglier, feroit l'un
et puis l'autre. Mais ilz lui firent tant de
plaies que il cheit mort en la place. Son frere   6404
regarda dessus, si le vit abatre; il hurta le
cheval des esperons, si se rembati en la presse
et fery un Sesne du trenchant de l'espee, si que
mort le tresbucha a un seul coup. Mais il fu   6408
tantost enclos de iiij^{xx} Sesnes, qui erramment
l'orent occis.

    Apres ceste bataille juga Cesar que ilz n'y
aroient ja messages ne nulle condicion de paix   6412
comme gens qui, en treves de paix que ilz meismes
avoient requises, en ceste maniere avoient ses
chevaliers occis, et n'atendroit pas tant que
les Sesnes, qui oultre Meuse estoient alez,   6416

fussent retournez en l'ost, ne que le nombre
acreust d'autres gens concueillies. Il veoit
bien que les François se tourneroient legierement
devers les Sesnes, qu'ilz tenoient ja en grant   6420
auctorité pour celle premiere desconfiture, et
moult leur desplaisoit la seignourie des Rommains.
Pour ce ne voult plus Cesar mettre la bataille en
delay, tant qu'ilz peussent conseil prendre   6424
d'eulx tourner. Lors appella a soy seulement les
connestables et les baillifs de son ost, si leur
dist a privé conseil, que ja n'y aroit plus
delayé que iusques a l'endemain. Assez matinet   6428
vindrent a lui a ses tentes grans gens des plus
anciens de l'ost aux Sesnes pour eulx purgier et
excuser de celle bataille qui avoit esté, et
pour prendre encore par barat aucunes trieves se   6432
ilz peussent. Cesar les fist lors prendre et
lier griefment sans eulx escouter; puis commanda
toute sa gent a armer et yssir des tentes. Et
aux chevaliers, que il cuidoit espoventez pour la   6436
bataille ou ilz avoient fuy, commanda qu'ilz
suivissent l'ost par derriere; ne les voult pas
mettre ou front devant a celle foiz.

    De toutes ses gens fist trois batailles et   6440
s'esmurent en haste. Bien avoient < de le > [alé] viij$^\text{m}$.
pas et vindrent aux tentes de leurs ennemis
ainçois que les Sesnes s'en donnassent garde
de riens.   6444

Comment les Sesnes furent desbaretez et mis a mort et a destruccion

    Ceulx furent soubdainement espoventez tant
pour l'isnelleté Cesar comme pour les leurs qui
n'estoient pas venuz de forrage et leurs messages

qui estoient detenuz, et furent troublez comme gens 6448
qui n'avoient loisir d'eulx conseillier ne de leurs
armes saisir. Ne savoient eslire le meilleur, ou
de yssir a la bataille si comme ilz estoient, ou
de remanoir es tentes pour eulx deffendre, ou de 6452
eulx tourner en fuite. Les chevaliers Cesar
sentirent bien leur paour par leur fremir et par
leur courir de tentes en tentes, et leur membra de
leur tricherie qu'ilz avoient le jour devant faite; 6456
si se ferirent a un eslas es lices a force. Ceulx
qui en haste porent leurs armes prendre se
combatirent une piece entre leurs chars et leur
harnois. Mais l'autre tourbe d'enfans et de 6460
femmes, car toute leur mesgnie estoit avecques
eulx, s'enfouirent si comme chascun mieulx pouoit.
Cesar envoia apres sa chevalerie, qui les
occistrent aval la champaigne a douleur: femmes 6464
et enfans crioient a haulte voix.

      Les Sesnes oyrent le cry et la noise des
leurs, si getterent leurs armes jus et guerpirent
leurs banieres et leurs enseignes, si s'en 6468
saillirent de leurs lices par la ou ilz porent.
Ceulx qui ne furent occis es tentes s'enfouirent
iusques a Convelente, la ou Meuse chiet ou Rin;
et pour ce qu'ilz estoient las de fouir et 6472
espoventez, ilz se tresbuchierent en l'yaue
parfonde et large, si se noierent illecques, car
les Rommains leur estoient au dos, qui
tresbuchoient tous ceulx qu'ilz aloient ataignant, 6476
et ilz s'amoient mieulx noier que mourir a
glaive; ne ilz n'avoient pouoir de noer. Tout
ainsi tous les Sesnes, qui bien estoient iiij^c
et xx^m., que hommes que femmes que enfans, 6480
furent occis et noiez; ne oncques des Rommains

n'y ot un seul occis; des plaiez voirement y ot
il plusieurs.

Comment delivra les Sesnes qu'il avoit prins et leur commanda qu'ilz alassent demourer en leur terre

Apres avint que quant Cesar fut repairiez 6484
avec tout son ost entier a ses tentes. Il fist
venir devant soy les Sesnes qu'il avoit fait loier
et leur donna congié d'aler quelle part qu'ilz
vouldroient. Mais ilz dirent qu'ilz ne vouloient 6488
nulle part demourer, comme ceulx qui ne savoient
ou aler et redoubtoient ceulx a qui terre et
chastiaux ilz avoient prins et gastez. Et Cesar
les franchy. 6492
Quant celle bataille fu faite, Cesar ot
talent de passer le Rin tantost pour moult de
raisons. L'une des raisons fu que les Sesnes
estoient adez trop appareilliez de venir en France, 6496
et vouloit Cesar que ilz se tenissent en paix et
fussent plus soigneux de leur pais deffendre que
de passer l'yaue, quant ilz saroient que les
Rommains aroient la poesté de passer a eulx 6500
oultre le Rin. Apres, l'autre raison fu que les
Sesnes, qui estoient alez en fourrage oultre
Meuse, si comme nous avons dit, quant ilz
oyrent dire que les autres estoient desconfis et 6504
occis, ilz passerent le Rin et s'en fuirent
en Sincambre, et habiterent avec ceulx du pays.
Cesar manda aux Sincambriens qu'ilz lui rendissent
ses ennemis, qui estoient entrez oultre le Rin 6508
en France et avoient fraez[148] ceulx qui devoient

---

[148]V₃: preez.

estre en sa garde. Les Sincambriens lui manderent
que le Rin estoit marche de la seignourie de Romme:
pour quoy clamoit il nulle seignourie oultre le 6512
Rin? Se il eust commandement ne seignourie sur
eulx, ilz se gardassent de mesprendre vers lui.
Apres, aucuns d'oultre le Rin avoient envoiez
leurs messages a Cesar et s'estoient rendus a 6516
lui et donnez hostages. Si lui prierent
durement qu'il passast le Rin et leur feist
secours contre ceulx de Suave, qui grant ennuy leur
faisoient. Et se les Rommains estoient si 6520
embesoigniez qu'ilz n'eussent loisir d'aler
iusques en Suave, passassent seulement le Rin, et
ce leur donroit grant aide et grant esperance. Car
de si grant renommee estoit Cesar des ycelle 6524
heure qu'il ot Arionistus desconfis, et
mesmement pour ceste victoire qu'il avoit eue
des Sesnes derrenierement, que le nom en estoit
ja couru iusques en la fin de Xassoigne, et se 6528
il ores passoit, ilz pourroient estre seurs en
avant de ceste chose. Ainsi lui manderent, et
grant planté de nefz lui promistrent aprestees.

    Ce estoit la cause pour quoy Cesar 6532
vouloit passer oultre le Rin. Mais il ne lui
sembloit pas assez seure chose de passer en nefz,
ne digne ne lui sembloit pas a son ost ne au
peuple rommain. Or soit doncques que grief 6536
chose semblast a faire pont ou Rin, pour l'yaue
passer qui estoit lee, et roide et parfonde,
Cesar y vouloit toute heure entendre; ou se non,
il ne vouloit l'ost oultre passer. 6540

Comment Cesar fist faire un pont sur le Rin

Lors fist Cesar crier par tout l'ost que
tous atreyssent merrien et bois a faire le pont.
Les charpentiers furent si ysnelz que en .x. jours
orent fait le pont si fort et si ferme que il ne   6544
doubtoit nulle force d'yaue, et tendirent engins
de fust contre le cours de l'yaue, si que les
barbarins n'y envoiassent merrien ne autre chose
contreval pour le pont destruire; les engins n'y   6548
laisserent pas.

    Quant ce fut fait, Cesar mist bonne
garnison et souffisant de chevaliers au pont
d'une part, si passa tout l'ost et alerent droit   6552
en Sincambre. Entre ces choses vindrent a Cesar
les messages de plusieurs citez qui requirent
sa paix et s'amour. Cesar respondy debonnairement
aux messages et leur demanda hostages. Les   6556
Sincambriens, des ycelle heure que Cesar ot
commandé a faire le pont, s'en yssirent de leur
pays par le conseil des Sesnes qu'ilz avoient receptez,
et les Sesnes meismes avecques eulx, et   6560
enporterent avec eulx quanqu'ilz avoient < avec
eulx > en desers et en bois. La se eschapperent
et se reposent.

    Cesar demoura un petit en leur terre, tant   6564
qu'il ot tout ars et villes et citez. De la
viande prist tant qu'il convenoit a son ost; le
remenant ardi et gasta. Puis s'en ala aux Ubrois,
qui marchissoient aux Suavois, et leur promist   6568
son aide se les Suavois leur vouloient mal faire.
Les Ubrois lui dirent que, des ycelle heure que

ceulx de Suave seront[149] par leurs espies que < que >
il auroit sur le Rin pont commencié, ilz 6572
envoieront leurs messages par toutes leurs villes
et citez commander que femmes et enfans et menues
gens se repostent es parfons lieux et tout leur
avoir; et tous ceulx qui pourront armes porter 6576
soient amassez en un fort lieu emmy la terre, ou
ilz attendront les Rommains a coup, se ilz
veullent a eulx combatre; car hors de leurs marches
ne vouloient ilz pas yssir pour combatre a eulx. 6580
"Par foy, dist adonc Cesar, puis que ainsi est
que les Suavois qui vous avoient assis s'en sont
tournez pour paour de moy, et ie vous ay delivrez
des Sincambriens, qui mes ennemis avoient receptez, 6584
et tant ay fait que ceulx de Suave me doubtent,
il me souffit; je m'en retourneray en France ou
j'ay afaire." Si s'en retourna Cesar quant il ot
demouré xviij. jours oultre le Rin; et quant il fu 6588
passé en France, il fist le pont coupper et
peçoier.

Comment Cesar s'appareilla pour passer en Bretaigne la grant

Ou tantet d'esté qui estoit a venir, ja
soit ce que l'yver fust pres et hastif, mesmement 6592
vers la marine d'Occean, proposa Cesar a aler en
Bretaigne, qui ores est dicte Angleterre; car les
Bretons avoient fait aide et secours a ses ennemis
en toutes les batailles que il faites avoit en 6596
France. Et ja soit ce que ce temps ne fust pas
convenable a achever bataille, pour l'yver qui
sur main estoit, nonpourtant grant avancement

---

[149]V$_3$: sorent.

lui sembloit d'aler en ycelle ysle et veoir la 6600
maniere de celle gent et les pors et les entrees
et les lieux, qui vers France lui poient nuire,
car nul ne se mettoit en aventure de la aler, se
n'estoient marchans; ne les marchans meismes ne 6604
savoient de la terre fors un petit sur la marine
devers France. Dont il avint que, quant Cesar ot
a soy mandé tous les marchans errans pour leur
demander des affaires de la terre, oncques nul ne 6608
lui sçot dire com grant celle ysle estoit, ne com
grant gent il lui habitoit, ne quelle maniere les
Bretons avoient de combatre, ne quelle maniere
de vivre ne quel loy ilz avoient, ne lesquelz 6612
pors estoient convenables a recevoir les greigneurs
nefz.

      A ces choses savoir et enquerre, ainçois
que il meist toutes ses gens en peril, envoia 6616
Gayus Volusenus oultre tout avant en une longue
nef, et lui commanda qu'il se penast d'encerchier
toutes ycelles choses et se hatast de revenir a
lui. Gayus Volusenus entra en mer et Cesar mena 6620
tout son effort en Boulenois et en Flandres, ou
la mer estoit plus estroite. La commanda que
on lui amenast toute la navire des voisins
rivages et toutes les nefs qu'il avoit eues en 6624
la bataille de Vennes. La nouvelle de cest
afaire ala en Bretaigne par les marchans qui vont
du lieu en autre. Plusieurs citez qui sceurent
ce, cy envoierent leurs messages a Cesar, et lui 6628
manderent qu'ilz estoient prestes de faire a sa
voulenté et au moindre de Romme, et de donner bons
hostages. Cesar entendi ce; il leur respondi
debonnairement que il les recevroit voulentiers, 6632
et les amonnesta qu'ilz demourassent fermes en

telle voulenté. Puis en renvoia les messages et
avecques eulx un sien amy en qui il se fioit
moult, homme de grant vertu et de conseil, Commis   6636
avoit nom. Cesar en avoit fait roy d'Artoys
quant il ot Arras et Vermandois conquis. Et ce
Commis estoit de grant renom en Bretaigne. A
cestui commanda Cesar qu'il alast a toutes les   6640
citez de grant renom de Bretaigne et qu'il leur <s>
enhortast qu'ilz se tenissent en l'amour et en la
grace de Romme, et leur nonçast que il yroit la
par temps. Gayus Volusenus, quant il ot la   6644
region regardee et veue a son pouoir, comme cilz
qui de sa nef n'osoit yssir ne soy abandonner aux
Bretons barbarins, il revint au quint jour a Cesar
et lui denonça ce qu'il avoit veu et trouvé.   6648

     Si comme Cesar faisoit son appareillement
de nefs en la marine de Flandres, ceulx du pays
de Therouenne, qui s'estoient avant tenuz contre
lui, si comme nous avons dit ça arriere,   6652
envoierent a lui leurs messages qui dirent que
moult leur pesoit que oncques avoient fait guerre
a lui ne aux Rommains; ne n'estoient ne du sens
ne de la value qu'ilz deussent Rommains guerroier;   6656
et estoient prests de faire son commandement.
Cesar, qui vouloit aler en Bretaigne, n'avoit
mestier de laissier ennemis arriere soy, et ne
vouloit pas laissier l'euvre de Bretaigne pour   6660
bataillier a ceulx de ça en tel point, car le
temps estoit plus brief que il ne voulsist, si
dist que ceste nouvelle lui estoit bien venue
a point, et en fut liez, lors commanda aux   6664
messages qu'ilz lui amenassent grant nombre
d'ostages. Si firent ilz, et il les receut en
aliance du pays. Or avoit il encores viij^c et

iiij^{xx} nefs qui bien pouoient porter ytant de 6668
gens comme il vouloit mener en Bretaigne, que
on appelloit nefs longues. Tout cel estoire
livra Cesar a ses ducz et a ses connestables.
En sus du port ou ses nefs estoient, a viij^m pas, 6672
avoit xviij. nefs qui pour le vent ne pouoient
aler a l'autre estoire. Celles meismes commanda
Cesar a un questour et aux prevostz, qui
chevaliers avoient assez en leur garde. 6676

Comment Jule Cesar entra en mer

Quant ces nefz a Cesar furent toutes
chargees, il bailla le remenant de l'ost a
Quintus Tyturius et a Lucius Cocta et leur
commanda qu'ilz alassent sur ces Flamens 6680
loingtains qui n'estoient a lui venuz a mercy
et sur les Menapois et sur Hollandois. Tant
seulement comme il convenoit de gens a garder
le port laissa en la main Pulvius Sulpionis* 6684
qui legat estoit du senat.
Quant ce fu fait et ottroié, et Cesar vit
le temps convenable pour singler, il monta en
mer atout l'estoire, si s'esmut du port environ 6688
mienuit, et manda a ceulx des xviij. nefz qu'ilz
le suivissent a effort. Mais ilz ne furent pas
si tost appareilliez, si que Cesar s'en ala
tout avant et vint au port atout le premier 6692
estoire endroit heure de tierce, et vit Cesar
les tertres sur la rive tous chargiez de gens
armez, qui de legier peussent lancier pierres
et dars iusques au port, tant estoit le mont 6696
pres du rivage. Ce fu a Douvres. Et pour ce que
le lieu n'estoit pas convenable a yssir hors des

nefs, pour ceulx qui le meilleur avoient du
deffendre par devers les tertres, il fist getter   6700
ses ancres et atendy le remenant de ses nefz
iusques vers nonne. Endementiers il appella a
soy tribuns, connestables et centurions, si leur
dist: "Seigneurs, pourvoiez vous si que quant   6704
noz nefz seront toutes venues et le temps
convenable et le vent, soiez prestz de mouvoir
sans delay." Ceulx s'apresterent tous. Les
nefz furent venues entour nonne; le floc et le   6708
vent leur vindrent ensemble en un point. Cesar
et les siens s'esmurent et s'en vindrent tous
ensemble en un rivage plain et appert, a vij^m
pas de la ou ilz estoient premier aancré.   6712

  Mais les Bretons, qui parceurent ce conseil
et cel affaire, envoierent la batant les
chevaliers et leurs courreurs, et ceulx a pié
furent apres ceulx de cheval, si deffendirent   6716
aigrement le rivage et ne laissoient les Rommains
yssir des nefz. Et y li avoit moult grief al
issir, car les grans nefz ne pouoient estre sans
parfonde yaue, et les chevaliers qui estoient es   6720
nefs convenoit saillir en la parfonde yaue,
forsvestus et pesans, pour combatre a eulx main
a main; et les Bretons leur courroient sus a sec
ou ilz entroient un petit en l'yaue, et gettoient   6724
sur eulx leurs dars afillez comme ceulx qui le
pouoient faire a delivre; avec ce, ilz savoient
les guez.

  Quant Cesar apparçut que on dommagoit ses   6728
hommes a effort, qui n'avoient ycelle maniere de
combatre acoustumee, car par terre se souloient
combatre pié a pié, cheval a cheval, ou par mer
nef contre nef, il commanda a ses galies qu'ilz   6732

se traissent en sus des grans nefs un petit; et
ceulx de Bretaigne n'avoient pas acoustumez de
veoir galies, se grans nefz non. Apres si dist
qu'ilz se traissent vers la costiere des Bretons 6736
a effort des avirons, puis envoiassent saiettes
et dars, et lançassent quarreaux d'arbelestres et
pierres de fondes a ceulx qui le rivage
deffendoient pour eulx esloingnier. Et ce aida 6740
aucques aux Rommains, car lors que les Bretons
virent la fourme des galies, qu'ilz n'avoient
oncques mais veue, et plusieurs maniere[s]
d'avirons, et de traire et de lancier, ilz se 6744
retrairent un petit arriere. Parmy leur retraire,
les chevaliers rommains se doubtoient d'entrer
avant, pour la parfondesce de l'yaue et pour la
boue, comme ceulx qui ne savoient le gué, tant 6748
que Sceva, qui portoit l'aigle de la xe legion,
s'escria et dist: "Seigneurs chevaliers de la xe
legion, saillez avant, se vous ne voulez perdre
vostre baniere et livrer l'aigle d'or a voz 6752
ennemis, car ie suis orendroit qui abandonneray
mon corps au service du commun de Romme et de
Cesar nostre commandeur." Si comme il ot ce
dit, il sailli ius de la nef en l'yaue, si 6756
se fery atout l'aigle emmy ses ennemis. Lors
admonnesta l'un l'autre des chevaliers qu'ilz
ne laissassent pas leur aigle perdre a
deshonneur; ilz saillirent tous des nefz. Les 6760
autres legions saillirent ensement toutes des
autres nefz.

　　Et fu grant et horrible le chapleis des
Rommains aux Bretons. Mais ce troubloit aucques 6764
les Rommains qu'ilz ne pouoient tenir l'ordre
de leur connestablie al issir des nefs ne estre

fermement sur la gravelle ne suivre leurs
enseignes, ains se tenoit chascun a telle baniere   6768
comme il encontroit premier al issir de la nef.
Les Bretons, qui bien savoient les guez, lors
qu'ilz venoient au chemin et veoient un Rommain
seul yssir de la nef, ilz hurtoient sur lui a   6772
esperons; plusieurs en assailloient .ij. ou
trois, si comme ilz pouoient eulx mieulx
seurprendre. Les autres lançoient leurs dars
de costé a toute la tourbe ensemble. Quant   6776
Cesar vit ce, il emply toutes ses barges de
chevaliers, si les envoia au secours de ceulx
que il veoit en greigneur meschief. Tant
firent les Rommains toutes voies qu'ilz   6780
prindrent terre; et tantost que les premiers
furent a sec, tous les autres se mistrent
apres, et Bretons tournerent en fuite. Les
Rommains ne porent pas loing chacier les Bretons,   6784
car ilz estoient lassez, moulliez et pesans;
autrement eust Cesar tost prinse l'isle
estrousseement.

     Mais toutes voies, lors que les Bretons se   6788
furent retrais en leurs lieux de la bataille, ilz
envoierent a Cesar des citez messages de paix
et lui promistrent a livrer hostages. Avecques
les messages vint le roy d'Artois et de Vermandois,   6792
que Cesar avoit envoié pour parler aux Bretons,
si comme nous avons dit ça arriere; mais ce lui
tourna a mal, car les Bretons le lierent adonc
et tindrent en prison iusques a ce que Cesar fu   6796
passé en Angleterre; mais ilz le deslierent et
l'envoierent a Cesar avecques leurs messages
alors que la bataille fu faite.

Comment les Anglois se rendirent a Cesar et comment ilz lui livrerent hostages

"Sire, dirent les messages a Cesar, ce qui 6800
a esté fait par folie de menue gent a esté fait.
Pour ce vous requierent les barons de Bretaigne
que vous aiez bonne mercy d'eulx et du peuple."
Cesar respondy: "Je me puis moult plaindre de 6804
vous de ce que vous m'aviez envoiez messages
de paix, et apres envoiastes ma gent envahir en
bataille. Mais ie vous pardonray ores ceste
folie, se bons hostages m'amenez." Les Bretons 6808
lui en livrerent des leurs une partie; l'autre
partie lui promistrent que ilz lui envoieroient
apres un petit de terme, car ilz devoient venir
de loing. Entre tant il commanda que chascun 6812
des Bretons qui eschapez estoient de la
bataille ralassent a leurs possessions et a
leurs manoirs. Et tous les barons s'assemblerent,
si rendirent a Cesar de toutes pars les clefs 6816
des citez.

Au quart jour apres ce que les Rommains
estoient arrivez en Bretaigne, les xviij. nefz
des chevaliers qui ne se pouoient pas si tost 6820
mouvoir du port comme les autres, avoient tant
singlé qu'elles estoient ja pres de Bretaigne et
les veoit on bien des tentes Cesar, quant une
si grant tormente leva soubdainement, tellement 6824
que nes une ne pot tenir son cours, ains en mena
le vent les unes au port dont elles estoient
meues, les autres furent gettees en l'isle de
Bretaigne par devers occident a grant peril. 6828
Nonpourtant les ancres furent gettees, mais la
force des ondes remist les nefs en haulte mer
et les fist arriere venir avec les autres.

Celle nuit avint que la lune estoit plaine,   6832
et en plaine lune estoit acoustumé que le flot
de mer venoit greigneur que aux autres jours,
et ce ne savoient pas les Rommains. Dont il
avint que tous les galies ou l'ost Cesar estoit   6836
passé, qui traités et atachez estoient a seiche
terre, furent emplis d'yaue, et la tourmente <si>
degetta si les grans nefs qu'elles se
entrehurtoient et froissoient, et rompirent les   6840
cordes les ancres, briserent matz et gouvernaulx,
et fu le navire si atourné que on ne s'en peust
aidier se besoing en venist; ne nul des Rommains
n'y pouoit mettre secours, tant furent seurprins   6844
que du floc que de la mer. Tous les Rommains
furent moult troublez quant ilz se virent ainsi
desnuez de leur navire en estrange rivage; ilz
n'avoient autres nefz dont ilz peussent la mer   6848
repasser; et toutes les choses leur failloient
qui mestier avoient aux nefz refaire; et bien
veoient qui les[150] convenoit yverner en France,
comme ceulx qui n'avoient point illecques de   6852
froment pour leur ost.

Quant les princes de Bretaigne, qui
s'estoient a Cesar aliez et rendus apres la
bataille, sceurent que les chevaliers des xviij.   6856
nefz estoient arriere de l'ost Cesar, et que les
Rommains n'avoient ne nefz ne froment, et virent
que leur ost estoit petit, qui moindre estoit
pour ce qu'ilz avoient passé sans leur harnois   6860
atout leurs sangles armes, parlerent ensemble et
dirent que bien estoit a faire qu'ilz se
retraissent de l'ost aux Rommains et gardassent

---

[150]V₃: qu'i lor.

tous trespas, que froment ne autre secours 6864
d'autrepart ne leur peust point venir. Se ilz
pouoient la chose pourtraire iusques en l'yver
et les Rommains enclorre illec et les seurmonter
par armes et par fain, ilz estoient seurs que 6868
nul ne passeroit mes a pie\<s\>ce en Bretaigne
pour bataillier. Ce conseil fu prins en l'ost
aux Rommains, ou les Bretons estoient venuz a
Cesar, et firent illecques tout priveement leur 6872
coniuroison.

Comment Cesar fist refaire son navire et passa en France

Apres la coniuroison faite, s'en alerent
de l'ost petit a petit, si comme chascun pouoit
mieulx. Cesar, tout ne sceut il leur conseil, 6876
nonpourquant il avoit aucunement en souspeçon
leur affaire, et bien cuidoit que ainsi avenist,
que pour ses nefz qui estoient brisees, et pour
les hostages que ilz entrelaissoient ja en l'ost 6880
et pour ce il se pourveoit en toutes les manieres
qu'il pouoit contre les perilz qui lui pouoient
avenir, car chascun jour il faisoit aler ses
hommes par les champs et par les villes pour 6884
attraire blefs et autres garnisons en l'ost, et
des plus depecies nefz faisoit rappareillier les
plus entieres; et si vigoreusement les fist faire
que de xij. nefz furent les autres si bien 6888
rappareilliees que bien y pouoit on nagier et
singler. En ceste maniere n'y ot a dire que de
xij. nefz de quanque Cesar en eust amenees en
Bretaigne. 6892
Or avint entretant que une des legions que
Cesar avoit avec soy fut alee en fourrage, si que

une partie remanoit aux champs pour blef
assembler, l'autre partie aloit et venoit pour 6896
les aconduire en l'ost, tant que une connestablie
des chevaliers qui gardoient les entrees des
lices de l'ost aux Rommains choisirent de loing
une poudriere vers les champs ou les fourrageurs 6900
estoient. Celle poudriere paroit assez plus
grande qu'elle ne souloit faire aux autres jours
par devant. Cesar, a qui la cho[se] fu denoncié,
pensa bien que les Bretons avoient aucune 6904
bareterie commencee, alors s'en yssi des lices
atout les chevaliers qu'il trouva prestz dehors,
et laissa d'autres en leurs lieux pour garder
l'entree des lices, et si commanda a tous les 6908
autres qu'ilz s'armassent et le suivissent a
exploit.

Comment Cesar secourut ses fourrageurs que les Bretons avoient assaillis

Quant Cesar fu venu un pou loing des lices,
il s'aparceut que ses fourrageurs s'estoient 6912
trais ensemble en un champ et les Bretons les
avoient atains, si leur < s > lançoient dars de
toutes pars, et moult les tenoient a destroit;
car les fromens estoient soyez de toutes pars 6916
fors en un lieu, et pour ce que les Bretons
sceurent que les Rommains devoient aler soier
ce premier champ, ilz s'embuschierent es forests
et souldainement leur saillirent de toutes pars 6920
par les champs, ou ilz soioient le blef, si en
furent plus legiers a desconfire. Les Bretons
en occirent un pou ou champ, si que les autres
en furent troublez et desrompue leur oeuvre, car 6924
il avoit curres en la route aux Bretons plains

de gens armees, qui courroient ça et la, et
faisoient les Bretons[151] desrouter.

    Les manieres de ces curres estoient telles   6928
que, quant ilz aloient assembler a bataille, ilz
aloient courrant ça et la, et les chevaliers
dessus lançoient dars espessement. Ceulx a qui
ilz se combatoient estoient forment troublez et   6932
espoventez de la friente des chevaulx et du son
des roes, si s'en desroutoient aucuns. Et quant
les curres se pouoient embatre en la route des
chevaliers, ceulx de dessus sailloient a terre,   6936
si se combatoient a pié, et les charretiers se
trayoient ensement en sus de la meslee, si
mettoient leurs curres en tel lieu que, se ceulx
avoient besoing qui descendus en estoient,   6940
peussent repairier sus et monter sans destourbement.
Ainsi estoient avisez ceulx des curres qui
savoient monter et descendre quant mestier estoit;
et les chevaulx estoient duis de courre en   6944
plains et en pendans, et les flaichissoient et
tournoient les charretiers a leur vouloir en pou
d'espace.

    Les Rommains, qui n'avoient oncques mais   6948
veu telle maniere de bataillier, en furent
espoventez, tant que Cesar vint poingnant au
secours a ce besoing, et ce sceurent les Bretons
quant ilz le virent venir, et lors les Rommains   6952
reprindrent leur hardement, qui par avant
estoient espoventez, si se ralierent. Mais Cesar
n'en fist plus alors, car il ne tendoit que a
garder sa gent: il vouloit bataillier en autre   6956
temps a eulx a plus de gens et a greigneur

---

[151]V3: les Romains.

apparance. Quant il ot toutes ses gens
concueilliees et ramassees, si le remena en ses
lices, et les Bretons s'en tournerent sans plus   6960
faire. Or fu le temps si pluieux plusieurs
jours apres ce que les Rommains n'yssirent
oncques de leurs tentes, ne n'avoient loisir de
bataillier. Et en ce temps envoierent les   6964
Bretons leurs messages, et firent savoir aux
chastiaulx et aux citez que Cesar n'avoit que un
pou de gens, et que grant proye et grant avoir
et honneur pourroient avoir et conquerre a   6968
tousiours se cuer ne leur failloit, car ilz
pourroient les Rommains chacier de leurs terres
et de leurs manoirs. Tant firent que les Bretons
assemblerent grant gent de chevaliers et de gent   6972
de pié, si s'adrescerent vers les tentes Cesar.

    Et ja soit ce que Cesar veist bien que
les Bretons en avoient le meilleur, comme ceulx
qui avoient curres et chevaulx a grant planté, et   6976
il n'avoit tant seulement que xxx. chevaliers a
cheval entre la gent de pié a Cesar--ceulx avoit
Commis, le roy d'Artois, pour passer oultre avec
soy--toutes fois il fist ses deux legions yssir   6980
hors des lices et ordonna ses batailles. Mais
quant vint al assembler, les Bretons ne porent
pas longuement souffrir l'assault, ains
tournerent les dos. Les Rommains les enchacierent   6984
tant comme ilz porent comme gens a pié, et en
occirent tres grant planté; leurs manoirs
ardirent et leurs edifices tant qu'ilz en
trouverent en leur chace, et puis s'en   6988
retournerent en leurs tentes.

    Ce jour meismes vindrent a Cesar messages
de par les Bretons, et lui requierent qu'il leur

voulsist pardonner leur mesfait et les receust   6992
en amour. Et il les receut par ainsi que ilz
lui doubleroient leurs hostages et les amaroient[152]
oultre mer, car il vouloit passer en haste oultre
la mer pour venir en France; ne vouloit pas   6996
attendre l'yver, pour ses nefz qui foibles
estoient. Et il estoit entour ce temps que on
fait la feste saint Mathias. Et apres mienuit
quant Cesar senti le temps convenable, si fist   7000
esquiper toutes les nefz a une esmeute et
vindrent toutes ensemble a Vuissent, fors que
deux grans nefz qui prindrent port aval en sus
des autres.   7004

    Si comme iij$^\text{c}$ chevaliers estoient yssus de
ces deux nefz pour aler iusques au port ou Cesar
estoit arivé et receu en aliance du pays au
passer en Angleterre, lors vindrent sur eulx les   7008
Flamens sur esperance de proye. Mais il ne s'en
monstra avant que un petit d'eulx. Les autres
estoient <en> embuschés. "Metez jus les armes,"
dirent ilz aux Rommains, autressi comme se ilz   7012
n'eussent talent de leur mal faire. Mais les
iij$^\text{c}$ chevaliers se tindrent ensemble en route,
si se deffendirent moult aigrement; et les Flamens
s'escrierent. A leur cry si saillirent des   7016
logeis vj$^\text{m}$ hommes. Cesar en oy les nouvelles,
si leur envoia secours de ceulx de l'ost. Et
pendant ce les iij$^\text{c}$ chevaliers des Rommains
soubstindrent l'assault des Flamens, qui plus   7020
estoient de vj$^\text{m}$, et combatirent moult aigrement
plus de iiij. heures. Si en y ot des plaiez
assez; mais ilz occirent moult des Flamens. Et

---

[152]V$_3$: amenroient.

si tost comme ilz sentirent secours venir, ilz 7024
getterent jus leurs armes et tournerent en fuite
et tant que grant nombre en y ot d'occis.

    L'endemain charga Cesar les deux legions
qu'il avoit amenees de Bretaigne a Tytus Labienus 7028
et les envoia sur les Flamens qui estoient
rebelles. Labienus y ala, si les print presque
tous, car les marez et les palus qui les avoient
garantis devant ne leur avoient mestier, car 7032
l'esté avoit esté si chault que tout avoit seiché.
Et les Menapois devers le Rin, ou Cesar avoit
envoié Quintus Tyturius et Lucius Cocta, s'en
estoient fouys es espesses selves; mais les 7036
Rommains gasterent tout le pays et ardirent tous
leurs manoirs et leurs edifices du tout en tout,
et gasterent leurs arbres et leurs blefz, si s'en
retournerent la ou Cesar estoit. Cesar envoia 7040
ses legions pour yverner vers France de celle
partie ou les Belgues habitoient. La lui
envoierent leurs hostages seulement deux citez
d'Angleterre; toutes les autres n'en firent 7044
riens. Quant ce fu fait, Cesar envoia a Romme et
manda par lettres l'ordre de son errement; et le
senat iuga que on en feist .xx. jours festes et
oroisons. 7048

ENDNOTES[1]

162;	*V.C.*	– Cossutia.
170;	*V.C.*	– Lucius Sulla.
185;	*V.C.*	– Mamercus Aemilius.
185;	*V.C.*	– Aurelius Cotta.
213;	*V.C.*	– Nicomedes.
228;	*V.C.*	– Servilius Isauricus.
236;	*C.*	– Lucius Tallus.
237;	*C.*	– Publius Autronius.
237;	*C.*	– Publius Sulla.
265;	*V.C.*	– Tanusius Geminus.
496;	*V.C.*	– Jugurtha.
551;	*C.*	– Publius Lentulus Sura.
552;	*C.*	– Publius Autronius.
553;	*C.*	– Publius et Servius Sulla.
553;	*C.*	– Lucius Vargunteius.
555;	*C.*	– Marcus Fulvius Nobilior.
566;	*C.*	– Marcus Licinius Crassus.
683;	*C.*	– Publius Sittius.
762;	*C.*	– Gaius Manlius.
771;	*C.*	– Marcus Porcius Laeca.
848;	*C.*	– Quintus Metellus Creticus.
849;	*C.*	– Quintus Metellus Celer.

---

[1]See page 5 & 6 for full titles of the abbreviations below and for the explanation of the rationale of selectivity of the proper names included herein.

902;	C.	– Cethegus.
1022;	C.	– Decimus Brutus.
1098;	C.	– Volturcius.
1109;	C.	– Volturcius.
1115;	C.	– Gaius Pomptinus.
1139;	C.	– Caeparius.
1163;	C.	– Publius Autronius.
1164;	C.	– Servius Sulla.
1185;	C.	– Publius Lentulus Spinther.
1188;	C.	– Gnaeus Terentius.
1277;	C.	– Decimus Junius Silanus.
1283;	C.	– Titus Annius.
1645;	C.	– Marcus Cato.
1690;	C.	– Tullianum.
1830;	C.	– Faesulanum quendam.
1833;	C.	– Gaius Marius.
2078;	V.C.	– Lucius Vettius.
2104;	V.C.	– Caecilius Metellus.
2204;	V.C.	– Gnaeus Pompeius.
2311;	V.C.	– Servilius Caepio.
2317;	V.C.	– Crassus.
2341;	V.C.	– Gaius Memmius.
2978;	B.G.	– Casticus.
2982;	B.G.	– Catamantaloedes.
2986;	B.G.	– Dumnorix.

3078;   *B.G.* – Nammeius.

3078;   *B.G.* – Verucloetius.

3214;   *B.G.* – Tigurinus.

3428;   *B.G.* – Gaius Valerius Procillus.

3482;   *B.G.* – Publius Considius.

3888;   *B.G.* – Marcus Messalla.

3933;   *B.G.* – Nasua.

4027;   *B.G.* – Gaius Marius.

4246;   *B.G.* – Quintus Fabius Maximus.

4288;   *B.G.* – Gaius Valerius Procillus.

4290;   *B.G.* – Gaius Valerius Flaccus.

4295;   *B.G.* – Marcus Mettius.

4386;   *B.G.* – Vangiones.

4543;   *B.G.* – Iccius.

4726;   *B.G.* – Quintus Titurius.

4780;   *B.G.* – Lucius Aurunculeius Cotta.

5055;   *B.G.* – Boduognatus.

5112;   *B.G.* – Publius Sextius Baculus.

5501;   *B.G.* – Publius Sextius Baculus.

5571;   *B.G.* – Titus Silius.

5587;   *B.G.* – Marcus Trebius Gallus.

5670;   *B.G.* – Quintus Titurius Sabinus.

5676;   *B.G.* – Decimus Brutus.

Included in heading after 5817; *B.G.* – Viridovix.

5857;   *B.G.* – Gallus is misunderstood as a proper name by the translator.

5931;   *B.G.* – Lucius Valerius Praeconinus.

5934; *B.G.* – Lucius Mallius.

5990; *B.G.* – Adiatunnus.

6022; *B.G.* – Quintus Sertorius.

6165; *B.G.* – Gnaeus Pompeius.

6165; *B.G.* – Marcus Crassus.

6684; *B.G.* – Publius Sulpicius Rufus.

SELECTED BIBLIOGRAPHY

Aycough, Samuel, comp. *A Catalogue of the Manuscripts Preserved in the British Museum*. 2 vols. London: John Rivington, 1782.

Bartsch, Karl, and Wiese, Leo, eds. *Chrestomathie de l'ancien Français*. 12th ed. Leipzig: F.C.W. Vogel, 1927.

Beer, Jeanette. *A Medieval Caesar*. Genève: Droz, 1976.

Bocock, Hobson. *Ancient Books and Manuscripts: Their Origin, History and Preservation*. Sheffield: Independent Press, 1898.

Bossuat, Robert. *Manuel bibliographique de la littérature française du moyen âge*. Melun: Librairie d'Argences, 1951.

Caesaris, C. Iulii. *Commentarii de bello Gallico et civili*. Lipsiae: Typis Caroli Tauchnitii, 1844.

Chassant, L.-Alphonse. *Dictionnaire des abréviations latines et françaises*. 5th ed. Paris: Jules Martin, 1884.

Dain, Alphonse. *Les Manuscrits*. Rev. ed. Paris: Les Belles-Lettres, 1964.

Delisle, Léopold. *Le Cabinet des manuscrits de la Bibliothèque Impériale*. 3 vols. Paris: Imprimerie Impériale, 1768.

_____. *Melanges de paléographie et de bibliographie*. Paris: Champion, 1880.

Edwards, H.J., trans. *Caesar: The Gallic War*. The Loeb Classical Library. London: William Heinemann, 1966.

Ewlad, Paulus, and Loewe, Gustavus, eds. *Exempla scripturae Visigoticae*. Heidelbergae: Gustavus Koester, 1883.

Ewert, Alfred. *The French Language*. London: Faber and Faber Limited, 1933; reprint ed., Cambridge: The University Press, 1964.

Flutre, Louis-Fernand. *Les Manuscrits des faits des Romains*. Paris: Hachette, 1931; reprint ed., Genève: Slatkine, 1974.

_____. *Li Fait des Romains dans les littératures française et italienne du XIIIe au XVIe siècle*. Paris: Hachette, 1932; reprint ed., Genève: Slatkine, 1974.

Flutre, Louis-Fernand, and Sneyders de Vogel, Kornelis, eds. *Li Fet des Romains*. 2 vols. Paris: E. Droz, 1938.

Foulet, Alfred, and Speer, Mary Blakely. *On Editing Old French Texts*. Lawrence, Kansas: The Regents Press of Kansas, 1979.

Gumbert, J.P. and De Haan, M.J.M., eds. *Litterae textuales: A Series on Manuscripts and Their Texts*. Amsterdam: A.L. Van Gendt and Co., 1976.

Holmes, Thomas Rice Edward. *Caesar's Conquest of Gaul*. 2nd ed., rev. Oxford: Clarendon Press, 1911.

_____, ed. *C. Iuli Caesaris: De bello Gallico*. 7 vols. Oxford: Clarendon Press, 1914; reprint ed., New York: Arno Press, 1979.

Jenkinson, Hilary. *Palaeography and the Practical Study of Court Hand*. Cambridge: University Press, 1915.

Josephus, Flavius. *Opera*. 9 vols. The Loeb Classical Library. London: William Heinemann, 1926-65.

Laurent, Marie H. *De abbreviationibus et signis scripturae Gothicae*. Rome: Institutum Angelicum, 1939.

Loesche, Johannes. *Die Abfassung der Faits des Romains*. Diss. Halle: C.A. Kaemmerer and Co., 1907.

London. British Museum. *Les Fais des Rommains*. Ms. Old Royal 20 c l. (photocopy)

Lowe, Elias Avery. *Handwriting: Our Medieval Legacy*. Rome: Edizione di Storia e Letteratura, 1969.

Lucanus, M. Annaeus. *De bello civili*. Amstelodami: Ex officina Elzeviriana, 1669.

Meyer, Paul. *Alexandre le Grand dans la littérature française du moyen âge*. 2 vols. Paris: F. Vieweg, 1886.

_____. *Documents manuscrits de l'ancienne littérature de la France conservés dans les bibliothèques de la Grande-Bretagne*. Paris: Imprimerie Nationale, 1871.

Oates, Whitney J., ed. *Basic Writings of Saint Augustine*. 2 vols. New York: Random House, 1948.

Parkes, M.B. *English Cursive Book Hands*: 1250-1500. Berkeley: University of California Press, 1980.